내 증상에도 이름이 있나요?

304가지 증상으로 만나는 **정신의학**의 세계

내 **증상**에도
이름이
있나요?

마쓰자키 아사키 **지음** | **송해영** 옮김

시그마북스
Sigma Books

내 증상에도 이름이 있나요?

발행일 2026년 1월 5일 초판 1쇄 발행
지은이 마쓰자키 아사키
옮긴이 송해영
발행인 강학경
발행처 시그마북스
마케팅 정제용
에디터 양수진, 최연정, 최윤정
디자인 강경희, 정민애, 김문배

등록번호 제10-965호
주소 서울특별시 영등포구 양평로 22길 21 선유도코오롱디지털타워 A402호
전자우편 sigmabooks@spress.co.kr
홈페이지 http://www.sigmabooks.co.kr
전화 (02) 2062-5288~9
팩시밀리 (02) 323-4197
ISBN 979-11-6862-437-5 (03180)

1PUN DE SEISHIN SHOJO GA MANABERU HON 304
© Asaki Matsuzaki 2024
First published in Japan in 2024 by KADOKAWA CORPORATION, Tokyo. Korean
translation rights arranged with KADOKAWA CORPORATION, Tokyo through Shinwon
Agency Co., Ltd.

* **시그마북스**는 (주)시그마프레스의 단행본 브랜드입니다.

주위에서 흔히 볼 수 있는 '나와 다른 사람'

SNS에서는 하루가 멀다 하고 논쟁이 벌어진다. 개중에는 지인도 아니고 지나가다가 우연히 본 사람에 관해 어림짐작만으로 글을 올렸다가 이곳저곳에서 비난을 받는 사례도 있다.

이러한 문제는 대체로 '나와 다른 사람'에 대한 과잉 반응에서 나온다.

지하철을 탔더니 안내 방송을 큰 소리로 따라 하는 사람이 있었다느니 하는 일을 일일이 인터넷에 올리는 사람이 있다. 그 사람이 안내 방송을 따라 하다 말고 칼이라도 꺼내 들었을까? 아닐 것이다. 그런데도 그 사람을 비난하면서 이상한 사람, 심지어 거동 수상자 취급하고는 한다.

그런 글을 보고 있자면 정신의학계 종사자로서 마음 한구석이 착잡해진다. 그들은 결코 거동 수상자가 아니다.

'거동 수상자'는 경찰이 쓰는 용어로, 빈집 주위를 어슬렁거리는 것처럼 범죄 행위로 이어질 개연성이 큰 행동을 취하는 사람을 가리키는 말이다.

누군가 안내 방송을 거듭 따라 한다면 '메아리증'이라는 증상 때문일지도 모른다 (138쪽 참고). 메아리증은 자폐스펙트럼장애(133쪽 참고) 등 다양한 원인으로 발생하며 비교적 흔히 볼 수 있는 증상이다.

원인이 무엇이든 간에 그들은 평소와 다름없이 자신답게 지내고 있었을 뿐이다. 누구에게도 민폐를 끼칠 생각이 없었고, 실제로도 민폐를 끼치지 않았다.

불필요한 두려움을 없애는 올바른 지식

그들의 증상은 당신이 불안한 마음에 손가락 끝으로 책상을 두드리거나 자기도 모르는 사이 다리를 떨거나 고민이 있어서 남의 말을 듣는 둥 마는 둥 하는 것과 크게 다르지 않다.

다리를 떨 때마다 주위 사람들이 당신을 수상하게 여기고 비난한다면 삶이 얼마나 고달파질지 상상해보자.

잘 모르는 사람을 거동 수상자 취급하는 이들을 혼내려는 것이 아니다. 그들은 그들대로 자신의 무지로 인해 논쟁의 불씨가 되고 이곳저곳에서 두들겨 맞는다는 점에서 안쓰럽다.

그들은 올바른 지식이 부족한 탓에 알고 보면 전혀 위험하지 않은 일에 대해 불필요한 두려움을 안고 있다.

이처럼 양쪽 모두 불행해지는 상황을 지켜볼 때마다 정작 반성해야 할 사람은 우리 같은 정신의학계 종사자라는 생각이 든다.

올바른 지식을 전할 수 있도록 더 노력해야겠다는 다짐도 강해진다.

세상 사람들이 다양한 정신 증상에 대해 조금만 더 관심을 가진다면 이처럼 무의미한 논쟁은 줄어들지 않을까. 한 사람 한 사람이 주위에서 흔히 볼 수 있는 정신 증상을 올바르게 이해하고 포용하는 사회를 만들어나가야 할 것이다.

이것이 바로 내가 정신의학 관련 영상을 꾸준히 유튜브에 올리는 이유 중 하나이자 이 책을 쓰게 된 계기다.

모든 정신 증상을 총망라!

이전 저서 『교양으로서의 정신의학』(2024, 에포케)을 쓴 지 어느덧 1년여가 지났다. 『교양으로서의 정신의학』에서는 'DSM-5'라는 진단 매뉴얼을 기반으로 다양한 정신질환을 개괄적으로 설명했다.

이 책에서는 시야를 한층 넓혀서 명백히 정신질환에 의한 것부터 병이라고는 할 수 없지만 누구에게나 일어날 수 있는 것까지 포함해 모든 정신 증상을 총망라했다.

그중엔 'HSP(296쪽 참고)'와 '임포스터 증후군(350쪽 참고)'처럼 정신건강의학과 현장에서는 거의 다루지 않지만 주위에서 흔히 들을 수 있는 용어도 포함되어 있다.

이러한 용어는 어중간하게 널리 퍼져 있는 탓에 많은 이들이 '대충 이런 뜻이겠지' 하고 자기 입맛대로 해석해서 쓰고 있다. 정신의학 분야에 종사하는 의료인으로서 이 같은 상황을 못 본 척해서는 안 될 것이다. 용어의 정확한 의미를 공유하는 것은 오해와 갈등을 막기 위해서라도 매우 중요한 일이라고 생각한다.

그 결과 이 책에서 소개하는 정신 증상은 무려 304개에 이른다. 많다고 느껴지겠지만 그만큼 우리 주변에는 다양한 정신 증상이 존재한다. 다른 말로 하면 정신 증상은 '다른 세상 사람의 일'이 아니라 지극히 평범한 현상이라는 뜻이다.

누가 읽든 수확을 얻을 수 있는 책

이 책의 첫 번째 대상 독자는 평소 정신질환을 앓는 사람을 접할 일이 없는 비의료인이다.

마음 내키는 대로 책장을 훌훌 넘기다가 '이런 증상도 있구나' 하고 관심을 가지기만 해도 큰 의미가 있다고 생각한다.

기본적인 의학용어를 해설하고 있는 만큼 의대생이나 간호학과 학생 등 의료인을 꿈꾸는 학생이 읽어도 좋다.

이 책으로 인해 정신건강의학과에 흥미를 갖게 된다면 더할 나위 없겠지만, 그렇지 않더라도 정신의학 관련 지식은 어디를 가나 든든한 무기가 될 것이다.

더 나아가서 이미 정신의학계에 종사하는 의료인도 새로운 사실을 배울 수 있도록 본격적인 내용을 일부 담았다.

정신의학은 하루가 다르게 갱신되고 있다. 하지만 눈코 뜰 새 없이 바쁘게 돌아가는 임상 현장에 치이다 보면 공부를 위해 시간을 내기란 하늘의 별 따기다.

그럴 때 이 책이 조금이나마 도움이 되지 않을까 생각한다.

어디서부터 정신장애인지 명확하지 않은 경계

다만 전문가가 아닌 일반 독자가 이 책을 읽을 때는 몇 가지 주의해야 할 점이 있다.

자기 자신에 관해서든 가족이나 친구 등 주변 사람에 관해서든, 이 책에 실린 증상이 나타난다고 해서 어떠한 병이라고 단정 지어서는 안 된다.

짚이는 구석이 있더라도 '○○병인가보다!' 하고 섣불리 판단하는 대신, 문제가 생겼을 때 이 책을 들고 의료 기관을 찾아가서 "이런 증상이 있는데요" 하고 상담을 요청하는 것이 바람직하다.

암, 당뇨병, 고혈압 등 검사 결과를 근거로 확진할 수 있는 질병을 다루는 과목과 달리 정신건강의학과는 전문의라고 해도 어떠한 질병이라고 단언하기가 힘들다.

어디까지 일반적인 정신 상태이고 어디부터 정신장애인지 경계가 명확하지 않기 때문이다.

하물며 전문 지식이 부족한 일반인이 진단에 발을 들이미는 것은 얼마나 위험하겠는가.

물론 지하철에서 우연히 본 사람처럼 일면식도 없는 이들 역시 함부로 재단해서는 안 된다.

내가 이 책을 쓴 것은 자신과 다르게 말하고 행동하는 사람을 봤을 때 '흔히 있는 일이고 아무 문제 없어'라고 생각했으면 하는 바람에서지, '저 사람은 ○○병이야'라는 섣부른 판단에 힘을 실어주기 위해서가 아니다.

당신을 힘들게 하는 문제에도 이름이 있을지 모른다

정신의학이라고 하면 어렵고 애매모호하다고 느끼기 쉽다. 하지만 증상 하나하나를 떼어놓고 살펴보면 의외로 친숙한 것이라는 사실을 알 수 있다.

어쩌면 당신도, 당신의 주변 사람도 이 책에 등장하는 한 사람일지 모른다.

혹시 평소 말로 설명하기 힘든 정신적 난조로 고민하고 있지는 않은가? 병이라고 할 정도는 아니지만 완전히 건강한 상태도 아닐지 모른다. 아니면 내색만 하지 않았을 뿐이지 꽤 위태로운 상태일지도 모른다.

그렇게 자신을 힘들게 하는 상태에 '이름'이 있다는 사실을 이 책을 통해 처음 아는 사람도 있을 것이다.

시인 괴테는 "아는 만큼 보인다"라는 말을 남겼다.

이 책에 나오는 용어를 알아나가는 과정에서 정신적으로 더 건강한 삶을 살아가는 데 필요한 실마리를 발견할 수 있기를 바란다.

책을 읽다 보면 가까운 사이든 아니든 주변 사람의 얼굴이 떠오르면서 '그 사람의 행동은 이 증상 때문일지도' 하는 생각이 들지도 모른다.

그럴 때는 해당 항목을 꼼꼼히 읽고 그 사람에게 일어나고 있는 일을 올바르게 이해하자. 그리고 그 사람은 당신의 적이 아니라 당신과 별반 다르지 않은 이 사회의 일원이라는 사실을 인식하자.

'나는 평범한 사람'이라고 생각하는 사람도 어떤 면에서는 평범하지 않다. 애당초 이 세상에 평범한 사람은 존재하지 않는다.

이 책을 통해 더 많은 사람이 모든 편견에서 해방되고 서로 의지하는 따뜻한 사회를 이루는 데 도움을 줄 수 있다면 저자로서 더할 나위 없는 보람을 느낄 것이다.

1 기분장애

8 사춘기

9 주산기

10 신체증상장애

15 환각과 망상

16 품행

19 성적 다양성

20 그 외

원서 STAFF

편집협력　中村富美枝
디자인　上坊菜々子
일러스트(커버)　山内庸資
일러스트(본문)　黒見司(sugar)
DTP　向阪伸一(ニシ工芸)
교정　玄冬書林
편집　中島元子(KADOKAWA)

DSM-5란 무엇인가?

이 책에는 'DSM-5'라는 용어가 자주 나온다. DSM은 'Diagnostic and Statistical Manual of Mental Disorders'의 준말로 '정신질환 진단 및 통계 매뉴얼'이다.

미국정신의학협회(APA)에서 편찬하고 있으며 1952년 제1판이 발행된 뒤로 여러 번 개정되었다. 그중 다섯 번째 개정판이 DSM-5다. DSM-5는 현대 정신 의료의 임상 현장에서 진단의 지표로 쓰이고 있다.

정신장애 대부분은 수치나 이미지로 질병 여부를 판단할 수 있는 검사가 존재하지 않는다. 따라서 누가 진찰하느냐에 따라 진단이 달라질 수 있다는 사실은 부인하기 힘들다.

과거에는 진단의 일관성이 낮고 의사의 재량에 따라 진단이 달라졌기 때문에 '정신 의료라는 이름의 인권 침해'라느니 '정신의학이라는 이름의 비과학'이라느니 하는 회의적인 시선이 많았다.

이러한 '반정신의학' 사상이 배경으로 작용해, 1980년에 개정된 DSM-Ⅲ에서는 증상을 기반으로 알고리즘에 따라 진단하는 '조작적 진단'이 도입되었다. 조작적 진단은 원인을 다루는 것은 보류하고 정신질환을 증후군(증상의 집합)으로 파악한다.

DSM은 1994년 DSM-Ⅳ, 2013년 DSM-5로 개정이 거듭되면서 그 내용이 정교해졌다(4판까지는 로마 숫자로, 5판부터는 아라비아 숫자로 표기한다-옮긴이).

나부터도 환자를 진찰하거나 유튜브에 영상을 올릴 때 DSM-5의 진단 기준을 따르고 있다.

당연히 이 책도 DSM-5를 기준으로 하는 부분이 많고, DSM-5가 자주 언급될 것이다.

DSM-5가 발행된 지 9년이 지난 2022년에는 DSM-5-TR이 나왔다.

TR은 'Text Revision'의 준말로 '본문 개정판'이라는 의미다. 주로 유병률, 경과, 예후 등 시간이 지나면서 명확해진 부분이 보강되었다. 또한 DSM-5-TR의 일본어 번역판에서는 '○○장해'를 '○○증'으로 대체하는 작업이 이루어졌다(이 책의 원서에서는 일본 의학계의 여러 상황을 고려해 주로 '장해'라는 단어를 사용했다. 다만 이 책에서는 한국어판 DSM-5-TR을 따라 '장애'로 표기했다-옮긴이).

정신의학은 아직 기준이나 용어 등 다양한 과제가 남아 있기는 해도 꾸준히 발전하고 있다. 이 책은 DSM-5를 중심으로 하되 DSM-5에서는 다루지 않는 것까지 포함해 다양한 정신장애를 소개하고 있으므로 많은 사람이 참고해주었으면 한다.

■ 이 책을 활용하는 법

번호
총 304가지 정신 증상을 다루고 있다. 관련 항목을 확인할 때는 이 숫자를 참고하면 된다.

한 줄 설명
특징을 한눈에 알 수 있도록 정신 증상을 한 줄로 설명한다.

증상명
목차뿐만 아니라 책의 맨 뒤에 있는 '찾아보기'로도 찾을 수 있다.

난이도
네 단계로 나뉜다.
★☆☆ 기본
의료계열 학과생이라면 알고 있어야 하는 지식.
★★☆ 보통
의료인이라면 알고 있어야 하는 지식.
★★★ 어려움
정신의학 전문가가 알고 있는 지식.
♥ 화제
의학적 중요도는 낮으나 화제성이 큰 증상을 정확하게 설명하기 위한 챕터.

관련 항목
관련된 정신 증상의 목록. 번호를 따라가면 해당 정신 증상에 대해 더 깊이 이해할 수 있다.

일러스트
귀여운 그림이 이해를 돕는다. 말풍선 안에 설명이 들어 있기도.

해설
증상에 대한 해설은 1분 안에 읽을 수 있을 정도로 짧다.

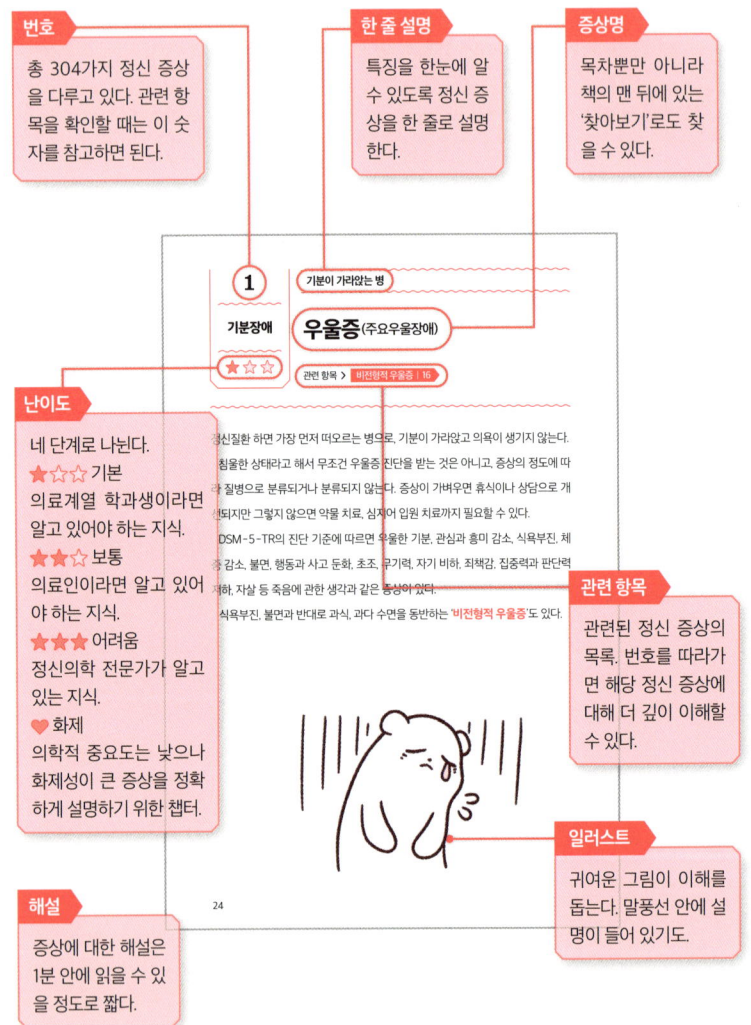

1
기분이 가라앉는 병
기분장애
우울증(주요우울장애)
★☆☆
관련 항목 > 비전형적 우울증 | 16

정신질환 하면 가장 먼저 떠오르는 병으로, 기분이 가라앉고 의욕이 생기지 않는다.
침울한 상태라고 해서 무조건 우울증 진단을 받는 것은 아니고, 증상의 정도에 따
라 질병으로 분류되거나 분류되지 않는다. 증상이 가벼우면 휴식이나 상담으로 개
되지만 그렇지 않으면 약물 치료, 심지어 입원 치료까지 필요할 수 있다.
DSM-5-TR의 진단 기준에 따르면 우울한 기분, 관심과 흥미 감소, 식욕부진, 체
감소, 불면, 행동과 사고 둔화, 초조, 무기력, 자기 비하, 죄책감, 집중력과 판단력
하, 자살 등 죽음에 관한 생각과 같은 증상이 있다.
식욕부진, 불면과 반대로 과식, 과다 수면을 동반하는 '비전형적 우울증'도 있다.

24

※ 출판 과정에서 세심한 주의를 기울였으나 이 책의 내용으로 인해 예상하지 못한 사고가 발생할 경우 저자
와 출판사는 그 책임을 지지 않는다는 사실을 양해해주기를 바란다.

1

기분장애

1

기분장애

우울증 (주요우울장애)

관련 항목 > 비전형적 우울증 | 16

정신질환 하면 가장 먼저 떠오르는 병으로, 기분이 가라앉고 의욕이 생기지 않는다.

침울한 상태라고 해서 무조건 우울증 진단을 받는 것은 아니고, 증상의 정도에 따라 질병으로 분류되거나 분류되지 않는다. 증상이 가벼우면 휴식이나 상담으로 개선되지만 그렇지 않으면 약물 치료, 심지어 입원 치료까지 필요할 수 있다.

DSM-5-TR의 진단 기준에 따르면 우울한 기분, 관심과 흥미 감소, 식욕부진, 체중 감소, 불면, 행동과 사고 둔화, 초조, 무기력, 자기 비하, 죄책감, 집중력과 판단력 저하, 자살 등 죽음에 관한 생각과 같은 증상이 있다.

식욕부진, 불면과 반대로 과식, 과다 수면을 동반하는 '비전형적 우울증'도 있다.

기분이 가라앉는 상태

우울 삽화

관련 항목 ⟩  우울증 | 1 ⟩

기분이 가라앉는다, 축 처진다, 풀 죽어 있다, 어딘지 모르게 개운하지 않다, 허전하다, 침울하다 등으로 표현되는 부정적인 감정이 나타나는 기간을 정신의학에서는 '우울 삽화'라고 부른다. 소위 말하는 '울적한 상태'다.

우울증과 같이 질병 수준인 기분장애에서는 아무런 계기 없이 울적해지는 '침투적 사고'가 발생한다.

우울증까지는 아니더라도 학업, 업무, 인간관계 등의 문제로 극심한 스트레스를 받으면 반응성 우울 삽화, 즉 적응장애가 일어날 수 있다. 그중에서도 가족이나 소중한 사람을 잃은 상실감이 지나치게 오래가는 것을 지속적 비탄장애라고 한다.

뚜렷한 외부 요인이 없는 내인성 우울 삽화도 있는데, 이는 가슴을 쥐어뜯고 싶어지는 느낌이나 숨이 막힐 듯한 압박감을 동반한다.

누군가 '기분이 나쁘다'라고 말하면 단순히 속이 메슥거린다거나 어딘가 불편하다는 푸념과 따로 떼어놓고 생각해야 할 것이다.

기분이 가라앉는다고 해서
무조건 우울증은 아니지만
주의 깊게 지켜보는 게 좋겠죠.

3

기분장애

★ ★ ☆

정신운동 지연

관련 항목 > 우울증 | 1   조울증 | 10

우울증이나 **조울증**으로 인해 침울한 상태에 빠지면, 다시 말해 우울 삽화가 나타나면 정신운동 지연이라는 증상을 보이기도 한다.

정신운동이란 정신 활동에서 비롯된 몸과 마음의 움직임을 가리키는데, 정신운동이 느려지는 것은 크게 두 가지로 나눌 수 있다. 하나는 행동 자체를 시작하기 힘든 '불활성'이고 하나는 생각과 움직임이 느려지는 '완만'이다.

당사자 역시 머리가 잘 돌아가지 않고 아이디어가 고갈되었다는 사실을 느낄 수 있다. 말하는 속도가 느려지며, 간단한 질문에도 말문이 막히거나 이야기하다 말고 멈칫하는 일이 잦아진다. 신체 활동도 마음 같지 않다. 머릿속에 떠올린 일을 행동으로 옮길 수 없으며, 옮기더라도 빠릿빠릿하지 않고 굼뜨다.

이처럼 정신운동 지연은 다양한 형태로 나타난다.

정신운동 초조

관련 항목 > 우울증 | 1   조증 삽화 | 11   환각 | 172   망상 | 173   긴장증 | 175

정신운동은 정신 활동에서 비롯된 몸과 마음의 움직임이다. 정신운동 장애 중 정신운동 초조는 갑자기 비명을 지르거나 날뛰는 행동이 관찰되는 격렬한 흥분 상태를 가리킨다.

다만 건강한 사람의 즐거운 환호성이나 명확한 의도가 있는 소동은 포함되지 않으며, 정신 증상으로 인한 흥분 상태만 해당한다. 이때 원인이 되는 정신 증상으로는 **환각**이나 **망상**, **조증 삽화**로 인한 이유 없는 격앙이나 분노, 고도 **우울증**으로 인한 불안감이나 초조함, **긴장증** 등이 있다.

비정상적인 흥분 상태는 다양한 정신질환으로 인해 발생할 수 있어요.

5

기분장애

★ ☆ ☆

가면 우울증

관련 항목 〉  우울증 | 1

우울감을 비롯한 정신 증상보다 신체 증상이 두드러지는 **우울증**이다.

우울증에는 모든 일에 대한 흥미가 사라지고 의욕이 줄어드는 정신 증상뿐만 아니라, 식욕이 줄어들고, 무기력해지고, 금방 피곤해지고, 몸 곳곳에서 이유를 알 수 없는 통증이 발생하며, 성욕이 줄어드는 등의 다양한 신체 증상이 뒤따르기도 한다.

따라서 당사자도 우울증을 자각하지 못하고 내과나 이비인후과 등 다른 과를 전전하며 신체 증상만 호소하다가 치료 시기를 놓치고는 한다.

가면 우울증은 이처럼 우울증 환자에게 신체화 증상이 나타나면 우울증 자체가 가려진다는 사실을 발견한 크랄(V. A. Kral)이 1958년 'Masked Depression'이라는 이름으로 제창한 개념이다. '숨은 우울증' 내지는 '은폐된 우울증'으로 옮겼으면 좋았을 테지만 직역에 가까운 '가면 우울증'으로 번역되었다.

가면 우울증일 경우 우울증 치료를 통해 신체 증상도 호전될 수 있다.

6

기분장애

★ ☆ ☆

미소망상

관련 항목 > **우울증 | 1**　**빈곤망상 | 7**　**건강염려망상 | 8**
죄악망상 | 9　**조울증 | 10**　**망상 | 173**

우울증이나 **조울증**으로 인해 기분이 가라앉은 상태일 때 발생하는 **망상** 중 자신의 가치를 비현실적일 정도로 낮게 평가하는 것을 미소망상이라고 한다.

아래 세 가지가 대표적이다.

1. 빈곤망상　　**2. 건강염려망상**　　**3. 죄악망상**

모두 평소보다 자신감이 다소 낮아진 수준이 아니라 돌이킬 수 없는 사태에 빠졌다고 믿어 의심치 않으며 절망하는 것을 가리킨다. 따라서 상담만으로는 낫기 힘들고 약물 치료가 필요하다.

기분장애

★ ☆ ☆

빈곤망상

관련 항목 ›  우울증 | 1 미소망상 | 6 조울증 | 10

우울증이나 **조울증**으로 인한 침울한 상태나 심각한 우울 삽화에서 나타나는 **미소망상**의 일종이다.

객관적으로 아무 문제가 없는데도 자신 때문에 가족과 주변 사람까지 경제적으로 가난해지고 불행에 빠졌다고 생각한다. 평소 '돈이 없다', '파산했다', '병원비 낼 돈도 없다', '가족이 거리에 나앉게 생겼다', '내가 모르는 막대한 빚이 있을 것이다'라고 말하기도 한다.

단순히 주머니 사정을 걱정하는 수준이 아니라 손쓸 수 없는 심각한 상황에 빠졌다고 확신하는 것을 가리킨다.

자신이 병에 걸렸다고 믿는 망상

건강염려망상

관련 항목 >  우울증 | 1 　미소망상 | 6 　조울증 | 10

과거에는 '심기망상'이라고 했는데, 여기서 '심기'는 몸 상태에 얽매이는 것을 뜻한다. 원래는 심장을 포함한 가슴 부위만 가리키다가 몸통, 몸 전체를 가리키는 말로 확장되었다.

　건강염려망상에 빠지면 객관적으로 몸에 아무 이상이 없는데도 자신은 불치병에 걸렸으며 원래의 건강 상태로 돌아갈 수 없다고 확신한다. 병원에서 아무 문제 없다는 진단을 내려도 "저 암이잖아요", "오진이에요", "어차피 나을 수 없는 병이니까 그렇게 말하는 거죠?"라며 받아들이지 않는다.

　우울증이나 **조울증**으로 인한 침울한 상태나 우울 삽화, 그것도 심각한 우울 삽화에서 발생한다.

짓지도 않은 죄로 괴로워하는 망상

죄악망상

관련 항목 ＞  우울증 | 1 ▶ 미소망상 | 6 ▶ 조울증 | 10 ▶

실제로는 아무 잘못도 하지 않았으면서 자신이 무거운 죄를 저질렀다고 확신하는 증상이다. '죄업망상'이라고도 한다.

망상의 소재가 되는 죄목은 다양한데, 자기도 모르는 사이 다른 사람을 죽였다고 믿기도 하고, 수십 년도 더 지난 어린 시절 문방구에서 필기구를 훔친 일로 지금 와서 체포될지도 모른다며 괴로워하기도 한다.

자신감이 떨어지거나 자신이 저지른 잘못을 탓하는 정도는 일반적인 우울 삽화에서도 나타나지만, 죄악망상은 그 양상이 극단적이다.

우울증이나 **조울증**으로 인한 심각한 우울 삽화에서 발생한다.

기분이 양극단을 오가는 상태

조울증(양극성장애)

관련 항목 > **우울증 | 1**   **조증 삽화 | 11**

사람이 살다 보면 즐겁고 행복할 때가 있는가 하면 가슴이 답답하고 침울할 때도 있다. 기분은 좋거나 나쁜 일이 생겨서, 계절에 따라서 변하기도 하지만 별다른 계기 없이 오르락내리락하기도 한다.

다만 그 낙차가 크고, 기분과 의욕이 가라앉는 우울 삽화와 비정상적으로 들뜨는 **조증 삽화**가 모두 발생하는 것이 조울증이다. '양극성장애'라고도 한다.

우울 삽화만 나타날 때는 **우울증**인지 조울증인지 알 수 없지만, 과거 조증 삽화를 경험한 적이 있다면 조울증이라는 진단이 내려진다.

조울증은 대개 어릴 때 발병해서 장기적으로 이어진다.

완치는 힘들지만 생활 리듬 조절, 기분안정제나 비정형 항정신병약을 이용한 약물 치료를 통해 안정적인 상태를 유지할 수 있다.

기분과 의욕이 비정상적으로 고양된 상태

조증 삽화

관련 항목 >  조울증 | 10 사고비약 | 21

조울증에서는 울적한 상태가 이어지는 우울 삽화와 기분과 의욕이 비정상적으로 고양되는 조증 삽화가 발생한다.

우울 삽화만 놓고 보면 우울증과 구분하기 힘들지만, 아래와 같은 조증 삽화 증상이 여러 개 나타나는 시기가 존재하면 조울증이라는 진단을 내릴 수 있다.

기분이 들뜨고 행동과 감정 표현이 커진다.

별것 아닌 일에 욱할 때가 많아진다.

모든 일에 신경이 쓰여 주의가 산만해진다.

머릿속에 생각이 꽉 들어차 멈추지 않는다.

잠이 오지 않고, 수면시간을 줄여도 괜찮을 것 같은 기분이 든다.

생각이 여기저기로 가지를 뻗치는 **사고비약**이 나타난다.

말하고 싶은 욕구를 억누르지 못해 말이 많아진다.

의욕이 넘쳐 여러 활동에 손을 뻗친다.

자신이 대단한 존재처럼 느껴지고 무슨 일이든 할 수 있다는 생각에 사로잡힌다.

단순히 기분이 좋아지는 수준인 경조증 삽화가 있는가 하면 사건사고를 일으킬 우려가 크고 당장 입원 치료가 필요한 수준인 조증 삽화도 있다.

제Ⅰ형/제Ⅱ형, 혼재성, 급속 순환성

관련 항목 〉 우울증 | 1   조울증 | 10   조증 삽화 | 11
혼재성 양상 | 13

기분이 가라앉는 우울 삽화와 기분이 들뜨는 **조증 삽화**가 모두 발생하는 **조울증**은 조증 삽화가 나타나느냐 경조증 삽화가 나타나느냐에 따라 제Ⅰ형과 제Ⅱ형으로 구분할 수 있다.

제Ⅰ형에서는 무기력한 상태, 즉 **우울증**을 의심하게 하는 우울 삽화에 더해 사건 사고를 일으킬 우려가 크고 당장 입원 치료가 필요한 수준인 조증 삽화가 나타난다. 많은 사람이 상상하는 조울증이 여기에 해당한다.

한편 제Ⅱ형은 조증 삽화가 나타나기는 하나 평소보다 기분이 들뜬다고 느끼는 수준인 경조증 삽화이므로 우울 삽화로 인해 곤란해지는 경우가 더 많다.

또한 기분은 가라앉는 데 반해 활동성은 높아져 흥분 상태로 쉬지 않고 말을 늘어 놓는 등 우울 삽화와 조증 삽화가 동시에 나타나는 상태를 '**혼재성 양상**'이라고 한다.

감정의 기복이 심하고 조증, 경조증, 우울 삽화를 지난 12개월 동안 최소 4번 이상 경험했다면 '급속 순환성 양상'을 동반하는 조울증일 수 있다.

조울증에도 여러 종류가 있답니다.
이 중 어떤 종류인지 알아두면 치료의
양상이 달라질지도 몰라요.

우울증 증상과 조증 증상이 동시에 나타나는 조울증

혼재성 양상

관련 항목 › 조울증 | 10 　 조증 삽화 | 11

조울증에서는 우울 삽화와 **조증 삽화**를 모두 경험하는데, 둘 중 어느 한쪽이 아니라 우울 삽화와 조증 삽화가 '동시에' 발생한다면 혼재성 양상을 동반하는 조울증일 수 있다. '높다'와 '낮다'가 어떻게 공존할 수 있는지 이해하기 힘들지도 모른다. 정신 활동의 세 가지 요소인 감정, 정신운동, 사고 중 어떤 것은 높고 어떤 것은 낮은 상태가 혼재성 양상이다. 기분이 개운하지 않고 짜증이 많아지는 조증인 '불쾌성 조증', 매사 조마조마하고 마음이 진정되지 않는 우울증인 '초조성 우울증'이 여기에 해당한다. 자살 위험성이 높으므로 각별한 주의가 필요하다.

　조울증 치료제로는 탄산리튬이 유명하지만, 혼재성 양상을 동반하는 조울증에서는 효과를 기대하기 힘들어 다른 약이 쓰인다.

혼재성 양상이라는 사실을 눈치채지 못하고 단순한 우울증이라고 생각하면 치료가 미궁에 빠질 수 있어요.

자신이 대단한 존재라고 믿는 망상

과대망상

관련 항목 > 조증 삽화 | 11   조현병 | 170   색정망상 | 194

조증 삽화나 **조현병** 등 다양한 상황에서 자신의 능력과 가치를 맹신하는 과대망상이 일어날 수 있다. 구체적으로 자신이 왕족의 후예나 고귀한 가문 출신이라고 믿는 혈통망상, "저 아이돌은 사실 나랑 사귀는 사이야" 하는 식으로 유명인이나 권력자가 자신을 사랑한다고 주장하는 **색정망상**, 자신이 세상을 바꿀 만한 위대한 발명이나 발견을 했다고 주장하는 발명망상, 종교적인 성격을 띠는 종교망상, 종교망상의 일종으로 신이나 하늘의 계시를 받았다고 주장하는 계시망상 등이 있다. 자신이 신이나 예언자라고 주장하기도 하고, 선택받은 인간이라고 믿기도 한다.

단순히 자신감이 넘치는 수준이 아니라 자신에 대한 허무맹랑한 믿음이 있는 상태를 가리킨답니다.

15

기분장애

★★☆

멜랑콜리아

관련 항목 > 우울증 | 1 　 우울 삽화 | 2 　 정신운동 지연 | 3

아래와 같이 **우울증** 하면 가장 먼저 떠오르는 특징을 멜랑콜리아라고 한다.

모든 일에서 기쁨과 즐거움을 느끼지 못한다.

좋은 일이 생겨도 기분이 나아지지 않는다. 즐거운 자극에 대한 반응이 사라진다.

낙담, 절망, 침울, 공허감 등 단순히 기분이 가라앉는 수준을 넘어 비정상적일 정도로 심각한 **우울 삽화**.

아침마다 우울증 양상이 더 심해지고, 낮과 밤에는 비교적 낫다.

아침 일찍, 평소보다 이른 시간 잠에서 깬다.

뜻대로 몸을 움직일 수 없으며 동작과 대화가 느려지는 **정신운동 지연**.

조마조마하게 마음 졸이는 정신운동 초조.

우울증의 대표적 증상인 식욕 감퇴.

자책과 후회를 되풀이하는 과도한 죄책감.

우울증 진단 기준을 충족하는 동시에 위와 같은 증상이 나타난다면 멜랑콜리아 양상을 동반하는 우울장애라고 볼 수 있다.

멜랑콜리아의 어원은 고대 그리스어로 검은색을 뜻하는 '멜랑'과 담즙을 뜻하는 '콜레'라는 단어예요. 옛날 사람들은 흑담즙이 우울증을 일으킨다고 생각했거든요.

과식이나 과다 수면을 동반하는 우울증

비전형적 우울증

관련 항목 ›  우울증 | 1   조울증 | 10   계절성 우울증 | 29

침울한 기분, 의욕 감퇴 등 **우울증**의 진단 기준을 충족하는 동시에 일반적인 우울증과 다른 일정 특징을 보이는 것을 가리킨다.

비전형적 우울증에서는 식욕이 줄어드는 대신 평소보다 과식하며, 불면증에 걸리는 대신 평소보다 수면시간이 길어진다.

또한 마치 납이라도 든 것처럼 팔다리나 몸이 무겁게 느껴지는 연마비, 다른 사람의 부정적인 대응에 과잉 반응을 보이는 대인관계 거절 민감성이 나타나기도 한다.

특히 과식과 과다 수면은 비전형적 우울증의 중요한 특징으로 **계절성 우울증**, **조울증**과 연관성이 강하다.

일반적인 우울증과 달리 모임 약속과 같은 일정을 기대하고 기다리며 실제로 즐기기도 하지만, 일정이 끝나자마자 다시 평소처럼 기분이 가라앉는다.

우울증인데도 평소보다 많이 자고 많이 먹는다면 비전형적 우울증일지도 몰라요.

의욕과 관심이 사라진 상태

무감동

관련 항목 〉  양성 증상과 음성 증상 | 171

어떠한 일을 하려고 하는 '사고', '감정', '행동' 세 가지가 줄어들면서 의욕이 생기지 않고 모든 일에 대한 관심과 감동이 사라지며 행동이 줄어드는 상태를 가리킨다.

우울증은 의욕이 생기지 않는 것을 고민하고 힘들어하는 경향이 있는 데 반해 무감동은 의욕이 생기지 않는 것 자체에도 관심이 없다.

파킨슨병, 뇌혈관질환 후유증, 신경인지장애(치매), 조현병의 **음성 증상** 등 다양한 질환이 원인으로 손꼽힌다. 정신의학 말고 다른 분야에서도 이 단어를 사용할 때가 있다.

즐거움을 느끼지 못하는 상태

무쾌감증

관련 항목 >  우울증 | 1   외상후 스트레스장애 | 73
양성 증상과 음성 증상 | 171

쾌락에 대한 감수성이 낮아지고 양성적인 감정이 무뎌진 상태로 '안헤도니아'라고
도 불린다.

음악, 영화와 같은 오락을 즐길 수 없으며 대인관계에서도 기쁨을 느끼지 못한다.

조현병의 **음성 증상**, **우울증**과 조울증에서 나타나는 우울 삽화, **외상후 스트레스
장애**, 파킨슨병 등이 원인이다.

무쾌감증은 우울증인 사람에게 나타나면 감정 결핍 그 자체가 고통으로 느껴지는
데 반해, 조현병의 음성 증상으로 나타나면 당사자는 고통을 거의 호소하지 않는다.

항우울제 복용으로 인해 나타나는 증상

액티베이션 증후군

관련 항목 › 　조증 삽화 | 11 　　공황발작 | 52 　　좌불안석증 | 139

항우울제를 복용하기 시작한 뒤 불안, 초조, **공황발작**, 불면, 과민성, 적의, 충동성, **좌불안석증**, **조증 삽화** 등이 발생하는 것을 가리킨다. '부활 증후군'이라고도 한다.

　우울증이나 불안장애를 치료하기 위해 항우울제를 복용하기 시작했는데 오히려 컨디션이 나빠졌다면, 항우울제의 치료 효과 이상으로 병세가 심각해서인지 항우울제로 인한 액티베이션 증후군 때문인지 확인할 필요가 있다.

　액티베이션 증후군 때문이라면 복약을 중단하고 처방을 바꿔야 한다. 우울증이 의심되어 항우울제를 복용했는데 액티베이션 증후군이 나타났다면 조울증일 가능성도 고려해야 한다.

의기소침

관련 항목 ›  우울증 | 1   적응장애 | 25

사람들의 기대에 부응하지 못하거나 자신이 원하던 결과를 얻지 못해 무력감, 무능감, 실망감에 시달리는 상태를 가리킨다.

이 상태일 경우 일에 대한 동기와 의욕이 사라지고 삶의 의미와 목적을 찾지 못해 고민이 많아진다.

직장생활 또는 학교생활이 뜻대로 되지 않거나 인간관계로 인해 스트레스를 받거나 질병으로 고통받는 등 다양한 상황에서 일어날 수 있다.

또한 **우울증**을 비롯한 기분장애의 증상으로 나타나기도 하는데 이때는 정신건강의학과 치료가 필요하다.

반대로 자신이 처한 상황에 적응하지 못해 의기소침해지고 그 결과로 우울 삽화가 나타나기도 한다.

이때 나타나는 우울 기분은 **적응장애**에 해당할 수 있으므로 주변 사람에게 털어놓거나 정신건강의학과를 찾아가거나 전문적인 상담을 받는 것이 바람직하다.

빠른 속도로 잇따라 떠오르는 생각

사고비약

관련 항목 > 조증 삽화 | 11

조증 삽화에서 나타나는 사고 형식 장애의 일종.

한 가지 생각에 집중하지 못하며 보이고 들리는 대로 모조리 머릿속에 들어온다. 두뇌 회전이 빨라져 수많은 생각이 잇따라 떠오르지만, 필요한 생각만 취사선택하는 능력은 떨어지므로 원래 생각하고 있던 일에서 점차 멀어진다. 사고의 논리, 질서, 방향성이 사라져 생각이 정리되지 않으며 이야기의 내용이 중구난방이다.

말하자면 태엽이 달린 장난감 자동차 같은 상태다. 속도는 빠르나 핸들이 없어 갈피를 잡지 못하고 사방팔방으로 튀어 나간다.

조증 삽화에서 나타나는 '사고비약'과 조현병에서 나타나는 '연상의 이완' 간 차이를 알아둡시다.

자신은 신체가 사라졌으며 죽지 못하는 존재라고 믿는 망상

기분장애

코타르 증후군

관련 항목 > 우울증 | 1 　 조울증 | 10 　 망상 | 173

우울증이나 **조울증**으로 인한 가장 심각한 수준의 우울 삽화에서 발생하는 **망상**이다. 신체 일부가 사라졌다고 믿는 신체망상과 죽지 못하는 존재라고 믿는 불사망상이 있다. 일반적으로 불로불사는 부러움의 대상이지만 코타르 증후군에서는 그렇지 않다.

'나는 지구를 통틀어 최악의 인간이다'라느니 '나라는 존재로 인해 세계는 파멸을 맞이할 것이다'와 같은 과대망상에 지배당하는 동시에 죽는 것조차 불가능하다고 믿는 불사망상이 나타난다는 점에서 심각하다. 입원 치료가 필요하다.

자기 신체가 존재하지 않는다고 생각할 수 있다니 놀랍네요.

우울 삽화가 지속되는 상태

기분부전증

관련 항목 > **우울증 | 1**

DSM-5-TR에서는 지속성 우울장애라는 이름으로 다뤄지며, 우울감이 오랜 기간 지속되는 상태이다. **우울증**까지는 아니지만 비교적 가벼운 우울 삽화가 꾸준히 나타나는 상태를 가리킨다. '기분부전장애', '기분저하증', '디스티미아'라고도 한다. 늘 기분이 가라앉아 있고 의욕이 생기지 않으며 식욕부진 혹은 과식, 불면 혹은 과다수면, 자신감 저하, 집중력과 판단력 저하, 절망감 등이 2년 넘게 이어지면 기분부전증이라고 할 수 있다.

비교적 가벼운 증상처럼 여겨지기 쉽지만, 경도의 우울 삽화도 오랜 기간 이어지면 고통스러울 뿐만 아니라 일상생활에 큰 영향을 미친다. 기분부전증이 진행되는 와중에 심각한 우울증이 발생하기도 하는데 이를 '이중우울증'이라고 한다.

외부 환경이 원인이라면 환경 조성이, 성격이 원인이라면 전문적인 상담이 필요하다. 사람에 따라 항우울제로 효과를 볼 수도 있다.

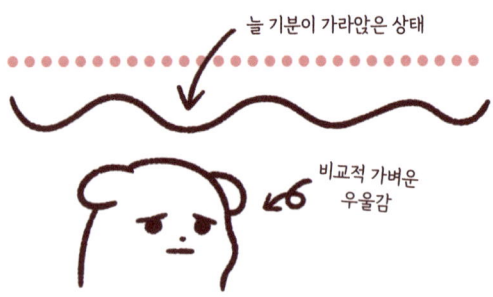

늘 기분이 가라앉은 상태

비교적 가벼운 우울감

기분이 오르락내리락하는 상태

순환성장애

관련 항목 > 우울증 | 1 조울증 | 10 조증 삽화 | 11

기분이 가볍게 고양되었다가 가볍게 가라앉는 기간이 이어지는 상태. '순환기분장애', '사이클로티미아'라고도 한다.

기분이 고양되는 상태가 경조증 혹은 **조증 삽화**로 정의할 수 있을 정도라면 **조울증**, 기분이 가라앉는 상태가 우울 삽화로 정의할 수 있을 정도라면 **우울증**이라는 진단이 내려진다. 다만 조증 삽화를 보이더라도 그다지 들뜨지 않고 우울 삽화를 보이더라도 그다지 가라앉지 않으면서, 기분이 항상 정상 범위보다 높거나 낮은 상태가 2년 넘게 이어지면 순환성장애라고 할 수 있다.

기분이 일정하지 않으므로 의욕이 넘칠 때 벌여놓은 일이 흐지부지되고, 주위로부터 변덕이 심하다는 평을 듣기 일쑤다. 이처럼 별 이유 없이 기분이 오르락내리락하고, 모든 일에 대해 금방 감정적인 반응을 보이는 것이 특징이다.

은은하게
들뜬 상태

가볍게
가라앉은 상태

스트레스로 인해 발생하는 정신적인 문제

적응장애

관련 항목 >

스트레스에 적응하지 못해 발생하는 정신적·행동적인 문제를 가리킨다.

　스트레스에 대한 반응은 다양해서 기분이 가라앉는 사람도 있고 불안감이 강해지는 사람도 있고 문제행동을 일으키는 사람도 있는데, 임상 현장에서는 우울 삽화를 다룰 때가 많다.

　DSM-5-TR에서는 우울감이 **우울증**에 해당할 정도로 강하다면 적응장애 대신 우울증으로 진단할 것을 권한다. 하지만 실제로는 그 경계가 모호하다.

　적응장애의 원인은 가정 문제, 암 선고와 같은 건강 문제, 갑자기 일이 많아지거나 상사가 괴롭히는 것과 같은 직장 문제 등 여러 가지가 있다.

　적응장애는 이처럼 스트레스 자체가 커서 생기기도 하지만, 스트레스에 대한 적응 능력이 낮아서 생기기도 한다.

　스트레스를 줄이기 위해 노력하거나 상담 치료를 받아야 한다.

스트레스

생리 전에 나타나는 정신 증상

월경전불쾌감장애

여성이 생리 전에 겪는 일련의 증상을 '월경전 증후군'이라고 부르는데 그중에서도 정신적인 문제를 가리키는 것이 월경전불쾌감장애.

　주로 아래와 같은 증상이 나타난다.

　기분이 가라앉는다, 자책한다, 절망감에 사로잡힌다, 금방 울적해진다, 괜히 불안하고 긴장된다, 조그만 일에도 욱하고 짜증이 난다, 기분이 들뜬다, 관심과 흥미가 사라진다, 집중력이 낮아진다, 몸이 나른하다, 금방 피곤해진다, 과식한다, 특정 음식이 당긴다, 압도되는 느낌을 받는다, 자기 자신을 통제하지 못한다, 이유 없이 졸리거나 잠이 오지 않는다.

　시기로는 생리가 시작하기 일주일 전 프로게스테론 호르몬 수치가 높아지는 황체기에 컨디션이 나빠졌다가 생리가 시작하면 낫는다.

　저용량 피임약이나 항우울제로 치료하기도 한다.

웃는 얼굴 뒤에 가려진 우울증

미소 우울증

관련 항목 >  우울증 | 1 　 비전형적 우울증 | 16

상식적으로 생각했을 때 **우울증**에 걸린 사람은 어둡고 침울한 표정을 하고 있기 마련이다. 하지만 웃는 얼굴로 지내는 사례도 있는데, 이를 미소 우울증이라고 한다.

이유는 여러 가지가 있다.

남들 앞에서는 아무렇지 않아 보여야 한다고 생각해서 애써 웃는 것일 수도 있고, 마음을 다잡고 있는 동안 저절로 미소가 나오는 것일 수도 있다. 혹은 **비전형적 우울증** 등으로 인해 기분 반응성이 유지되어 그 자리는 즐기고 있는 것일지도 모른다.

어느 쪽이든 간에 겉으로만 웃고 있을 뿐 가슴속은 텅 비어 있다 보니 나중에 피로가 한꺼번에 밀어닥치면서 단숨에 우울해지는 경우가 많다.

일이나 학업에 대한 고민에 우울증이라는 이름이 붙은 것

신형 우울증

관련 항목 > **우울증 | 1**

'신형 우울증'은 의학적으로 정의된 용어는 아니며, 2000년대 언론에서 조명하기 시작한 개념이다. 일이나 학업을 회피하는 가벼운 우울증을 가리킨다.

성과나 성적 부진으로 인해 직장이나 학교에서는 풀이 죽어 있지만 다른 곳에서는 평소와 다를 바 없이 활기찬 모습을 보인다. **우울증**의 의학적인 정의와는 맞지 않으나 이러한 사례에 우울증 진단을 내리고 항우울제를 처방하는 사례도 있을 것이다. 하지만 일반적인 우울증과 달리 약을 먹고 일을 쉬어도 차도가 보이지 않고 계속해서 직장과 학교에 적응하지 못하는 현상이 사회 문제로 떠오르면서 이 단어가 등장했다.

가을과 겨울에 걸쳐 나타나는 우울한 기분

계절성 우울증

관련 항목 >  우울증 | 1

특정 계절에 나타나는 **우울증**이다. DSM-5-TR의 진단 기준에서는 우울증에 '계절성 양상을 동반한다'라는 기술이 더해진다.

10월에 시작되어 3월에 끝나는 '겨울철 우울증'이 전형적이다. 겨울철 우울증은 가을 이후 눈을 통해 들어오는 빛이 줄어들면서 세로토닌 신경계의 기능이 떨어지는 것이 원인이다.

의욕이 생기지 않고 매사가 귀찮아지고 몸이 무거워진다. 일반적인 우울증에서는 불면과 식욕 감퇴가 나타나는 데 반해, 계절성 우울증에서는 수면시간이 길어지고 식욕이 왕성해져 체중이 늘기 쉽다.

그중에서도 탄수화물이 끌리는 증상을 '탄수화물 기아'라고 한다. 탄수화물이나 단 음식을 먹으면 혈당치가 높아지고 인슐린이 분비되면서 세로토닌 합성에 필요한 트립토판이 뇌로 유입된다. 다시 말해 뇌 속 세로토닌 수치를 높이기 위해 탄수화물을 갈망하는 것이다.

해가 떠 있는 동안 밝은 곳에서 지내는 시간을 늘리는 것이 좋고, 고조도 광선을 이용한 빛 치료도 효과적이다. 항우울제를 쓸 수도 있다.

30

기분장애

★ ☆ ☆

노년기에 접어들면서 나타나는 우울증

갱년기 우울증

관련 항목 > 우울증 | 1   미소망상 | 6   코타르 증후군 | 22

장년에서 노년에 해당하는 40~60세는 사회적·육체적·정신적으로 정점을 찍고 내리막에 접어드는 '퇴행기'라고 할 수 있다. 노년기에 접어드는 초기라는 점에서 '초로기'라고도, 호르몬 변화가 온다는 점에서 '갱년기'라고도 불린다.

이 시기에 발생하는 **우울증**을 '갱년기 우울증'이라고 하는데 '퇴행기 우울증', '초로기 우울증'이라고도 한다.

과거에는 '갱년기 멜랑콜리아'라는 개념이 있어서 사회적 지위의 변화, 상실 체험, 가정 내 고립, 호르몬 변화 등 심리적·사회적·신체적 요인이 우울증을 초래한다고 보았다. 갱년기 우울증은 불안이나 초조감을 동반하기도 한다. **미소망상**을 보이는 사례도 있는데 심하면 **코타르 증후군**에 이르기도 한다.

만성적인 업무 스트레스로 인한 정신 증상

번아웃 증후군

지나친 업무 부담과 막중한 책임감에 시달리는 상황에서 일에 정신적으로 너무 많은 힘을 쏟아내 탈진 상태에 빠지는 것을 가리킨다. 그 전까지 아무 문제 없던 사람이 갑자기 고장 난 기계처럼 제대로 기능하지 않으며 몸과 마음이 모두 지치는 정서적 소진, 고객이나 직장 동료 등을 사람 취급하지 못하고 거리를 두는 이인화, 성취감 저하가 일어난다.

의료인, 교사, 요양보호사, 객실 승무원, 호텔리어 등 사람을 대하는 일이 많은 직종에서 흔히 나타난다.

마음의 짐을 내려놓은 뒤에 찾아오는 우울감

플라토 증후군

관련 항목 >  우울증 | 1

커다란 프로젝트나 부모의 병간호 등으로 오랜 기간 스트레스를 받던 사람이 프로젝트가 끝나거나 간병 대상이 요양 시설로 들어가면서 마음의 짐을 내려놓는 것을 계기로 찾아오는 **우울증**. 제2차 세계대전 이후 포로 생활에서 벗어난 사람들 사이에서 우울증이 흔히 나타난 것에서 비롯된 개념이다.

짐을 짊어지고 있을 때 우울증에 걸리는 것은 당연한 일인데, 플라토 증후군의 경우 짐을 짊어지고 있는 동안에는 목적 지향적인 긴장감이 증상 발현을 억제하고 있다가 짐에서 해방되자마자 긴장감이 사라지면서 억눌려 있던 우울증이 겉으로 드러나는 것으로 보인다.

33

자식이 독립한 뒤 부모가 느끼는 심경

기분장애

★☆☆

빈 둥지 증후군

진학, 취직, 결혼 등을 계기로 자식이 독립했을 때 부모, 특히 어머니에게 공허감, 무력감, 기분 침체 등이 발생하는 반응성 우울 삽화.

같이 살던 집에서 자식이 사라지는 '자식 상실'과 어머니로서 역할을 마치면서 삶의 목적을 잃어버리는 '역할 상실'이 원인이다.

직업을 가지지 않고 육아에 전념하던 어머니가 주로 걸린다. 시기상 갱년기 우울증과 겹치기 쉽다. 하지만 빈 둥지 증후군과 정면으로 맞서서 극복할 수만 있다면 인생 2막의 방향성을 재정비하는 계기가 될 것이다.

> 육아가 끝났다는 생각에 홀가분해지는 어머니가 대부분이지만 빈 둥지 증후군에 걸리는 사람도 있으니까 유의해야 해요.

이사 후에 느끼는 우울감

이사 우울증

관련 항목 >  우울증 | 1

이사로 인해 발생하는 **우울증**.

주로 여자에게서 나타난다. 특히 전업주부의 경우 집은 생활의 중심이 되는 공간이며, 이사는 정든 환경의 상실과 새로운 환경에 대한 불안을 가져온다. 친하게 지내던 사람들과 떨어지면서 외로움을 느끼기도 한다.

남자의 경우 집을 짓거나 구매하는 과정에서 막중한 책임감과 경제적 부담을 느껴 이사 우울증에 시달릴 수 있다.

이사 우울증은 1920년대에 처음 등장한 개념이다. 과거에 비해 고속철도와 비행기 등 교통수단이 발달하고 온라인으로 얼굴을 마주하며 이야기할 수 있게 되고 SNS를 통한 인간관계가 보편화되면서 줄어드는 추세다.

이사는 그 자체도 커다란 사건이거니와 생활을 송두리째 바꾸잖아요. 얼마든지 우울증에 걸릴 수 있죠.

기분장애

★ ★ ★

매리지 블루

결혼 직후 발생하는 정신 증상으로 우울감이 주를 이룬다. 넓은 의미로는 결혼 전에 느끼는 불안감도 포함한다. 의학용어는 아니지만 의학적인 대응이 필요한 사례도 있다.

결혼과 결혼식에 뒤따르는 복잡한 사회적 절차와 준비, 배우자에 대한 불만, 결혼 생활에 대한 이상과 현실의 차이, 원래 가족과 따로 떨어져 살게 되면서 느끼는 외로움, 가족 내 역할 변화로 인한 정신적 부담 등이 원인이다.

출세로 인한 우울증

승진 우울증

관련 항목 >

승진으로 인한 역할 변화가 부담감으로 작용해 일어나는 **우울증**.

　직위가 높아진다는 것은 권한이 늘어나고 일을 통한 자아실현에 가까워지며 자존감이 채워지고 연봉이 많아지므로 기뻐할 만한 일이다. 따라서 일반적으로는 승진에 실패했을 때 침울해지기 마련이다.

　하지만 승진하면 승진하는 대로 주변 사람과의 관계와 업무 내용이 바뀌고 기대수준이 높아지고 책임이 커지는 등 부담스러운 상황이 생길 수 있다. 이에 따라 승진 우울증이 나타나기도 한다.

디지털 기기로 인한 정신적 스트레스

테크노스트레스

1984년 처음 등장한 용어로, 컴퓨터를 비롯한 디지털 기기 사용에 따르는 정신적 스트레스를 가리킨다.

테크노스트레스는 크게 '테크노 불안증'과 '테크노 의존증'으로 나뉜다.

테크노 불안증의 경우 새로운 기술에 대한 두려움 때문에 업무 등 중요한 상황에서도 컴퓨터 사용을 피하는 '컴퓨터 기피증'이 발생한다. 디지털 기기를 마주하면 기분이 울적해지거나 불안해지거나 초조해진다.

한편 테크노 의존증은 디지털 기기 사용과 인터넷 등에 지나치게 몰입한 나머지 현실 생활에 어려움을 겪는 것이다. 사고방식이 기계적으로 변하고 감수성이 메말라진다. 타인과 엮이지 않으려고 집 안에 틀어박히는 사람도 있다.

이외에도 디지털 기기를 오랜 시간 사용할 때 발생하는 피로 등 다양한 문제가 포함될 수 있다.

공부에 대한 의욕을 잃어버린 학생

학생 무기력 증후군

관련 항목 >  무감동 | 17

'스튜던트 애퍼시(student apathy)'라고도 한다.

그 전까지 잘 지내던 학생이 뚜렷한 계기 없이 갑자기 학업에 대해 무기력해지는 것을 가리킨다. 감정이 사라지고 학업에 소홀해지고 결석이 잦아진다. 그 결과 유급이나 퇴학에 이르기도 한다. 증상이 가벼울 경우 학업에 대한 의욕만 낮아져서 취미나 아르바이트 등 다른 일에서는 평소와 다를 바 없는 모습을 보인다.

비슷한 개념으로 '퇴각 신경증'이 있다. 우등생으로 지내며 늘 칭찬만 듣다가, 명문 고등학교나 대학교로 진학하고 자신보다 뛰어난 사람들에게 둘러싸이면서 느끼는 좌절 경험이 원인으로 꼽힌다. 자신의 존재 가치를 자기 안에서 발견하는 대신 주위 사람들과의 비교를 통해 찾는 사람에게서 나타나기 쉽다.

당사자가 먼저 고통을 호소하는 일이 드물어서 성적이 떨어지거나 학점이 모자라는 일이 발생하고 나서야 주변에서 알아차리고는 한다.

재해나 사고로 인해 삶의 터전을 잃은 사람에게서 나타나는 우울증

터전 상실 우울증

관련 항목 >  우울증 | 1

지진, 해일, 태풍, 호우, 홍수, 산사태, 화산 분화, 화재, 전쟁, 사고 등 여러 가지 이유로 주거, 가족, 재산, 직업, 지위를 상실한 사람에게서 나타나는 **우울증**. 자연재해가 많은 곳에 사는 사람이라면 알아두는 것이 좋다.

나치의 박해로 일도 가정도 삶의 터전도 송두리째 빼앗긴 유대인에게 나타난 반응성 우울 삽화에 관해 1951년 독일의 정신과 전문의 뷔르거프린츠가 발표한 이론이 시초다.

지진과 같은 자연재해가 일어났을 때 특히 주의해야 해요.

일요일 저녁~월요일 아침에 걸쳐 찾아오는 절망감

월요병

토요일과 일요일에 회사나 학교를 쉬는 사람이 월요일 아침 우울감에 시달리는 것.

주말 동안 일이나 공부에서 해방되었다가 월요일이면 다시 현실과 마주해야 한다는 생각에 심리적 부담과 우울감을 느끼는 상황은 누구나 겪은 적 있을 것이다.

또한 주말이라는 이유로 평소와 달리 밤을 새우거나 늦잠을 자면 생체시계가 밀리고 신체의 일주기 리듬이 흐트러지는 사회적 시차가 발생하면서 월요병의 원인이 될 수 있다.

일본에서는 '사자에상 증후군'이라고도 하는데, 국민 애니메이션 「사자에상」이 방영되는 일요일 저녁이면 다음 날이 월요일이라는 사실이 떠올라 울적해지는 사람이 많기 때문이다.

주말이라고 해서 늦게 자고 늦게 일어나면 월요병에 시달릴 수 있어요.

자폐스펙트럼장애가 있는 가족 구성원으로 인해 고통받는 사람

카산드라 증후군

관련 항목 〉 적응장애 | 25   자폐스펙트럼장애 | 102
아스퍼거 증후군 | 104

자폐스펙트럼장애(아스퍼거 증후군이 대표적)인 가족 구성원과 정서적인 교류가 제대로 이루어지지 않아 우울감을 비롯한 정신 증상에 시달리는 것.

아스퍼거 증후군인 당사자가 사회적으로는 아무런 문제 없이 지내고 있다면, 주위 사람에게 고통을 호소하더라도 "멀쩡히 잘만 일하잖아. 욕심이 너무 많은 거 아냐?" 하는 반응이 돌아오므로 고통에 대한 공감을 얻기 힘들다.

가족 구성원 중에서도 아내나 남편처럼 당사자와 가까운 사람에게서 주로 나타난다. 증상에 따라 다르기는 하나 우울 삽화 등 **적응장애**에 해당하는 것이 많다.

병명의 유래는 그리스 신화 속 예언자이자 자신의 예언을 아무도 믿어주지 않아 고통을 호소한 카산드라다. 의학용어는 아니지만 자폐스펙트럼장애 환자의 가정에서 일어나는 문제를 제대로 표현하고 있다. 카산드라 증후군을 가해자와 피해자의 문제로 생각해서는 안 된다. 어디까지나 특성이 다른 가족 구성원 간의 관계성 문제로 파악해야 한다.

2

불안과 강박

의지와 상관없이 특정 행동·생각을 시도 때도 없이 반복하는 것

강박장애

관련 항목 > 확인강박 | 43   청결강박 | 44

비합리적이라는 사실을 알면서도 떨쳐내지 못하는 불안감인 강박관념을 해소하기 위한 행동, 즉 강박행동을 멈추지 못하는 것. '강박증', '강박신경증'이라고도 불린다.

불안감을 유발하는 사물이나 행동은 다양하며, 손에 세균이 묻어 있을지도 모른다는 생각에 몇 번이고 시간을 들여 손을 씻는 **청결강박**, 아무런 문제가 없다는 사실을 알면서도 전등은 껐는지 문은 잠갔는지 계속 살펴보는 **확인강박** 등이 있다.

항우울제가 효과를 보이기도 한다. 강박행동을 하지 않는 일에 익숙해지게끔 하는 인지행동치료 프로그램인 '노출과 반응 방지법(ERP)'이 주로 쓰인다.

불안감을 해소하기 위한 행동을 멈추지 못하는 것이 강박장애랍니다.

같은 것을 몇 번씩 확인해야 직성이 풀리는 사람

확인강박

관련 항목 > 　강박장애 ┃ 42

강박장애의 증상 중 하나로 무언가를 집요하게 확인하는 것.

　문단속을 깜빡하지는 않았는지, 전등은 껐는지, 가스 밸브는 잠갔는지 하는 사실을 몇 번이고 확인해야 직성이 풀린다.

　특히 외출하기 전 안전에 관해 확인하는 일이 많다. 따라서 외출하는 데 터무니없이 긴 시간이 걸리거나 집을 나선 뒤에도 신경이 쓰여 확인하러 돌아가는 등 사회생활에 지장이 생길 수 있다.

　그 밖에도 쓰레기봉투에 중요한 물건을 넣지는 않았는지, 작성한 서류에 실수는 없는지 등을 불안해하는 사람도 있다.

　강박장애는 남녀 모두에게 나타나지만 확인강박은 남자에게 흔한 경향이 있다. 가족을 비롯한 주위 사람을 시켜서 같이 확인하기도 한다.

44

손을 지나치게 자주, 오래 씻는 사람

불안과 강박

청결강박

관련 항목 > **강박장애 | 42**

강박장애의 증상 중 하나로 손과 같은 신체 부위를 집요하게 씻는 것. '불결공포'라고도 한다. 세균이나 바이러스 등을 두려워하는 것이 일반적이지만, '더러움'으로 대표되는 추상적이면서 혐오스러운 이미지 자체를 씻어내려는 사람도 있다.

반대로 자신의 더러움이 주변에 묻는 것을 두려워하는 사례도 있다.

손이나 몸을 씻는 데 오랜 시간이 걸릴 뿐만 아니라 너무 자주 씻는 바람에 손이 거칠어지기도 하고 수도세, 비누, 소독용 알코올 등에 돈이 많이 들기도 한다. 또한 더러워질까봐 두려워서 하지 못하는 일이 늘어난다.

세면대와 화장실을 독점하거나 아무도 들어가지 못하도록 특정 구역을 막는 바람에 가족들을 난처하게 만들기도 한다.

강박장애는 남녀 모두에게 나타나지만 청결강박은 여자에게 흔한 경향이 있다. 먹이를 물에 씻어 먹는 것처럼 보이는 습성 때문에 일본에서는 '라쿤 증후군'이라고도 불린다.

딱 들어맞는 느낌이 들 때까지 같은 행동을 되풀이하는 사람

불안과 강박

완벽강박

★ ★ ☆

관련 항목 〉  강박장애 | 42

강박장애의 증상 중 하나로, 자신이 머릿속에 그리던 상태와 완벽하게 딱 들어맞지 않는 것에 대해 불안과 불쾌감을 느껴 같은 행위를 반복한다.

문이 찰칵 소리를 내며 닫히는 느낌에 집착해서 몇 번이고 다시 닫는다.

옷소매에 팔을 넣는 느낌이 만족스러울 때까지 옷을 다시 벗고 입는다.

글씨 모양이 자기 마음에 들 때까지 다시 쓴다.

이처럼 감각적인 완벽함에 집착하고 일상생활에서 해당 행위를 되풀이하므로 시간과 노력이 많이 든다.

이에 따라 다음 행동을 시작하지 못하거나 아예 움직이지 못하는 '강박성 완만'이 나타나는 사람도 있다.

치료법으로는 완벽을 추구하려는 강박사고가 발생하더라도 같은 행동을 되풀이하지 못하게 막고 완벽하지 않은 느낌에 서서히 적응시키는 기법이 있다.

머릿속에서 일어나는 확인강박

내적 확인

관련 항목 > 강박장애 | 42   확인강박 | 43

강박장애 중 **확인강박**에서 나타나는 증상이다.

예를 들어 강박장애로 인해 문단속에 집착하는 사람이라면 문고리를 당겨서 확인하거나 돌아가서 문을 다시 잠그는 것이 일반적이다.

하지만 그러한 행동은 하지 않고, 혹은 그러한 행동에 더해 자신이 문을 잠갔다는 사실 혹은 문을 잠갔는지 확인한 사실을 떠올리거나, 문을 잠그는 과정 혹은 문을 잠갔는지 확인하는 과정이 이상적인 절차를 밟았는지 머릿속에서 돌이켜보는 것이 내적 확인이다.

물리적인 행위가 아니므로 겉으로 봐서는 알아차리기 힘든 강박행동이다.

47

불안과 강박

★ ★ ★

순수한 강박사고

관련 항목 >  강박장애 | 42

겉으로 보이는 강박행위 없이 강박사고만 발견되는 **강박장애**다.

충동적으로 다른 사람을 공격하거나 공공장소에서 성적인 행동을 취하는 등 자신이 문제행동을 저지르는 것을 두려워하고, 성적 혹은 종교적으로 부적절한 생각이 머릿속에 떠오르는 것을 고민한다.

이러한 충동이나 생각을 없애기 위해 속으로 염불을 되뇌기도 하므로 실제로는 머릿속에서 강박행위가 이루어지고 있다고 볼 수 있다.

남에게 해를 끼칠지도 모른다는 공포

가해공포

관련 항목 >  강박장애 | 42 　사회불안장애 | 58 　조현병 | 170

다른 사람에게 해를 끼칠 것을 두려워하는 증상이다.

운전하다가 사람을 치지는 않을까.

열차를 기다리다가 나도 모르는 사이 다른 사람을 밀지는 않을까.

성적 충동에 휩싸여 이성에게 무슨 일을 저지르지는 않을까.

업무상 실수로 다른 사람에게 폐를 끼치지는 않을까.

나의 말과 행동이 다른 사람을 불쾌하게 하지는 않을까.

이러한 두려움으로 인해 해를 끼칠 수 있는 상황을 피하거나 다른 사람을 불쾌하게 하지는 않았는지 시간과 수고를 들여서 몇 번이고 확인한다. 따라서 정신적으로 피폐해지고 사회 진출에 어려움을 겪으며 자신이 가진 능력을 충분히 발휘하지 못한다.

강박장애, **사회불안장애**, **조현병** 등 다양한 정신질환의 증상으로 발생할 수 있다.

49

불안과 강박

★ ★ ☆

집 안이 잡동사니로 넘쳐나는데도 물건을 버리지 못하는 사람

저장강박

관련 항목 >  강박장애 | 42

대단하지 않은 물건에서 애착과 가치를 느껴서 버리지 못하고 끝없이 모으는 것.

집 안이 잡동사니로 넘쳐나고 필요한 물건과 불필요한 물건 모두 관리가 되지 않아 정작 필요한 물건을 찾지 못하고 생활 공간이 제한된다.

벌레가 들끓는 등 위생 면에서 문제가 생기고, 화재 위험성이 높아지고, 탑처럼 쌓인 물건이 무너지면서 그 밑에 깔리기도 한다.

소위 말하는 '쓰레기 집' 수준에 이르면 지역사회에도 악영향을 미친다.

강박장애와 관련이 있는 것으로 보인다. 다만 강박장애에 듣는 약이 저장강박에는 효과를 발휘하지 못한다. 치료법은 아직 확립되지 않았으며 심리사회적인 관심이 필요하다.

자기 피부를 뜯는 행동

피부뜯기장애

관련 항목 ❯ 강박장애 | 42   털뽑기장애 | 96
손톱물어뜯기 | 98

간지럽지도 않으면서 자기 피부를 긁거나 뜯는 행동을 되풀이하고, 그 과정에서 생긴 상처로 고민하면서도 그만두지 못하는 것.

뜯는 부위는 손톱 주변이 주를 이루지만 손, 발, 머리, 입술 등 다양하며 뜯어낸 피부를 먹는 사람도 많다고 한다. 상처 부위에 난 딱지까지 뜯어내야 직성이 풀리는 사람도 있다. 어느 쪽이든 뜯는 순간에는 개운해졌다가 나중에 상처를 보면서 후회하기를 되풀이한다.

털뽑기장애와 연관성이 강하며 피부뜯기장애, 털뽑기장애, 손톱물어뜯기를 묶어서 '신체 중심 반복적 행동장애'로 보기도 한다.

불안감에 사로잡혀 특정 행동을 취하지 않고서는 견딜 수 없다는 점에서 강박장애를 주축으로 하는 '강박스펙트럼장애'의 일부라는 해석도 있다.

항우울제를 처방받을 수도 있지만, 틱장애 등에 쓰이는 '습관 역전 훈련'이라는 인지행동치료 프로그램을 진행하는 임상심리사를 찾아가는 방법도 있다.

자신이 못생겼다고 믿는 사람

신체이형장애(신체추형장애)

관련 항목 〉 강박장애 | 42   사회불안장애 | 58   조현병 | 170

실제로는 외모에 아무 문제가 없거나 있더라도 그리 대단하지 않은데 코 모양이 못생겼다느니, 눈매가 이상하다느니, 입술이 너무 두껍다느니, 얼굴 골격이 틀어져 있다느니 하는 생각에 사로잡혀 빠져나오지 못하는 것.

외모를 지나치게 신경 써서 거울을 자주 보는 사람이 있는가 하면 반대로 거울을 피하는 사람도 있다. 추함을 가리기 위해 오랜 시간 화장에 매달리기도 하고 미용 성형 수술을 몇 번씩 받기도 한다.

자신이 외모에 집착한다는 사실을 객관적으로 직시할 수 있는 수준부터 외모에 결함이 있다는 생각이 망상에 가까울 정도로 확고한 수준까지 증상이 다양하다.

대인관계에서 발생하는 불안감과 긴장이라는 점에서는 **사회불안장애**에 가깝고, 별것 아닌 일에 사로잡혀 같은 생각을 되풀이한다는 점에서는 **강박장애**에 가까우며, 실제와 다른 일을 확신하는 망상이라는 점에서는 **조현병**에 가깝다.

갑작스러운 극도의 불안감과 숨이 막히는 느낌과 가슴 두근거림

공황발작

관련 항목 > 공황장애 | 54   고소공포증 | 64

일반적으로 '공황(panic)'이라고 하면 두려움에 사로잡혀 이성을 잃는 것을 가리키지만, 의학용어로서의 '공황발작(panic attack)'은 다르다. 공황발작은 갑작스럽고 극심한 불안으로 인해 다양한 신체 증상이 나타나는 일시적인 발작을 가리킨다.

가슴 두근거림, 발한, 손 떨림, 숨이 차는 느낌, 숨이 막히는 느낌, 가슴 통증, 복통이나 메스꺼움, 현기증, 정신이 아득해지는 느낌, 오한이나 열감, 마비 또는 따끔거리는 느낌, 현실감 상실, 통제력 상실에 대한 두려움, 죽음에 대한 공포와 같은 증상 중 4가지 이상이 나타난다.

이러한 공황발작이 아무 계기 없이 발생하는 정신질환이 **공황장애**다. 다만 공황발작은 공황장애가 없더라도 **고소공포증**인 사람이 높은 곳에 올라가는 것처럼 다양한 불안 요소로 인해 발생할 수 있다.

공황발작은 몇 분 만에 절정에 달했다가 몇십 분이 지나면 저절로 가라앉는다.

공황발작의 대표적인 증상으로는 가슴 두근거림, 숨이 막히는 느낌, 죽음에 대한 공포가 있어요.

공황발작에서 발생하기 쉬운 신체 증상

불안과 강박

★ ★ ☆

과다 환기 증후군

관련 항목 ›  공황발작 | 52

공황발작 등으로 인해 숨을 급격하게 몰아쉰 결과 주로 신체에 나타나는 상태. 호흡을 통해 이산화탄소가 지나치게 많이 배출되면 혈액이 알칼리화되는 '호흡성 알칼리증' 상태가 되어 손발이나 입가 저림, 흉부 불편감, 가슴 두근거림, 공기 기아(공기를 충분히 들이마시지 못하는 느낌) 등이 발생한다.

　당사자는 숨이 막혀서 죽을지도 모른다는 공포감에 사로잡히지만 실제로는 숨이 쉬어지는 상태이므로 죽음에 이르는 일은 없다. 별다른 처치를 하지 않아도 과호흡이 멈추면서 서서히 진정된다.

이유 없이 공황발작이 자꾸 일어나는 정신질환

공황장애

관련 항목 〉 공황발작 | 52 예기불안 | 55
광장공포증 | 56

극심한 불안감, 가슴 두근거림, 호흡 곤란, 죽음에 대한 공포 등이 아무 계기 없이 발생했다가 몇십 분 사이 자연스럽게 사라지는 것이 **공황발작**이며, 이러한 공황발작이 자꾸 일어나는 정신질환이 공황장애다.

공황장애를 앓는 이들 중에는 인파, 대중교통, 너무 좁거나 넓은 장소, 혼자 외출하는 상황 등에서 발작을 일으킬까봐 불안해하는 '**광장공포증**'을 호소하는 사람이 많다.

언제 일어날지 모르는 발작을 두려워하는 '**예기불안**'을 동반하기도 한다.

치료에는 항우울제가 주로 쓰인다.

앞으로 일어날 일에 대한 불안

예기불안

관련 항목 ❯ 　공황장애 I 54　　사회불안장애 I 58
범불안장애 I 61

앞으로 일어날 곤란한 상황이나 위험한 상황을 예상하면서 느끼는 불안감.

건강한 사람도 진학이나 이직과 같은 상황을 맞닥뜨리면 새로운 환경에 금방 적응할 수 있을지, 공부나 일을 잘 해낼 수 있을지 걱정하기 마련이다.

하물며 **사회불안장애**를 앓는 사람이라면 많은 사람 앞에서 이야기해야 하는 상황이 생길지도 모른다는 생각으로 인해 예기불안에 시달릴 수밖에 없다.

특히 **공황장애**는 붐비는 버스처럼 거북한 상황은 물론이고 아무런 계기가 없는 상황에서도 발작이 일어나므로 끊임없이 예기불안을 느끼기 쉽다.

한편 **범불안장애**인 사람이 '앞으로 무언가 나쁜 일이 생기는 건 아닐까' 막연하게 걱정하는 것은 구체적인 대상이 없으므로 '불안'이라는 단어를 쓰지 않고 '예기우려'라고 한다.

특정 상황에 대한 불안

광장공포증

관련 항목 > **공황발작 | 52** **공황장애 | 54**

공황발작을 일으키면 어떻게 하지, 갑자기 기절하면 어떻게 하지, 화장실에 갈 수 없는데 소변이 마려우면 어떻게 하지…. 이처럼 무슨 일이 생겼을 때 도움을 받지 못하거나 망신을 당할지도 모른다는 불안감을 느끼는 것이 광장공포증이다.

광장공포증은 버스나 지하철처럼 곧바로 내릴 수 없는 대중교통, 대형 주차장이나 들판이나 사구처럼 광활한 공간, 엘리베이터나 극장처럼 물리적으로 금방 나가기 힘든 공간, 꼼짝도 할 수 없고 많은 사람이 지켜보는 인파나 행렬, 도움을 줄 만한 사람 없이 혼자 외출할 때 등 특정 상황을 두려워하는 것이다.

항우울제를 쓰거나 거북한 상황에 서서히 적응시키는 방법으로 치료할 수 있다. 대체로 **공황장애**와 함께 나타난다고 알려져 있으나 단독으로 존재하는 광장공포증도 있다.

주로 엄마와 떨어지기 싫어하는 아이가 느끼는 분리불안

분리불안장애

애착을 느끼는 소중한 사람과 한시도 떨어져 있지 못하고, 떨어져 있어야 하는 상황에 지나치게 불안감을 느낀다. 엄마와 떨어지기 싫어하는 아이가 전형적인 사례다.

엄마와 떨어지기 싫어서 등교를 거부한다.

엄마와 떨어져야 하는 상황이 생기면 몹시 불안해진다.

엄마가 죽거나 사라지거나 무슨 일이 생겨 만나지 못하게 되는 상황을 걱정한다.

늘 엄마와 같이 자려고 한다.

이처럼 엄마와 떨어지는 것을 두려워하는 어린아이의 모습은 보호자에 해당하는 사람과 한시도 떨어지지 못하는 성인에게서도 나타난다. 자식이나 아내에게 무슨 일이 생길까봐 걱정되어 좀처럼 떨어지지 못하는 사례도 있다.

물론 정신질환이 아니더라도 아이들은 정상적인 심리 발달 과정에서 엄마와 떨어져 있는 상황에 불안감을 느끼기 마련이다.

다른 사람과 어울려야 하는 상황에서 느끼는 긴장감

사회불안장애

다른 사람과 어울려야 하는 사회적 상황에 대해 극심한 불안감과 긴장을 느끼는 것으로 '사회공포증', '대인공포증'이라고도 한다.

다른 사람이 나를 이상한 눈으로 보지는 않을까. 다른 사람이 나를 바보 취급하지는 않을까. 사람들 앞에서 망신을 당하지는 않을까. 사람들 앞에서 이성을 잃고 횡설수설하지는 않을까. 감정이 격앙되었다는 사실이 들통나지는 않을까. 능력이 부족하다는 사실이 들통나지는 않을까. 나의 말과 행동이 다른 사람에게 불쾌감을 주지는 않을까….

이러한 것들을 불안하게 여긴 나머지 다른 사람과 대화하거나, 다른 사람에게 말을 걸거나, 누군가와 식사하거나, 사람들 앞에서 글씨를 쓰거나, 사람들 앞에서 발표하는 상황을 고통스러워하고 피하려 한다.

항우울제가 듣기도 하지만, 사회적 상황에 익숙해지게 하는 인지행동치료도 도움이 된다.

남에게 불쾌감을 주고 있다는 생각에 대인관계를 피하는 사람

확신형 사회 공포

관련 항목 ❯ 신체이형장애 | 51   사회불안장애 | 58
후각관계장애 | 125   자기 시선 공포증 | 127
관계망상 | 184

사회 공포는 '긴장형 사회 공포'와 '확신형 사회 공포' 두 가지로 나뉘기도 한다.

긴장형 사회 공포는 **사회불안장애** 하면 가장 먼저 떠오르는 증상이다. 반면 확신형 사회 공포는 자신의 시선, 얼굴이 빨개지는 습관, 얼굴의 특징, 표정, 체취 등이 상대방에게 불쾌감을 주고 그 자리의 분위기를 해친다고 생각해 대인관계에 두려움을 느끼고 사회적 상황을 피하려고 하는 것이다.

상대방이 별생각 없이 한 말이나 표정이나 행동 등을 소재로 직관적인 확신을 가진다는 점에서 **관계망상**과 겹치는 부분이 있다. 상대방에게 미안한 마음을 느낀다. **자기 시선 공포증**, **후각관계장애**, **신체이형장애**와 같은 개념도 포함될 수 있다.

60

불안과 강박

★ ☆ ☆

선택적 함구증

관련 항목 > 등교 거부 | 292

발성 기관에 문제가 없는데도 특정한 사회적 상황에서 말을 아예 하지 못하는 것.

전형적인 사례로 집에서는 별문제 없이 말하면서 어린이집이나 유치원이나 학교에서는 입을 꾹 다무는 아이가 있다. 다만 특정 친구나 선생님과는 말할 수 있으면서 다른 사람과는 전혀 말하지 않는 등 증상의 정도는 다양하다. 학교나 학원에서 말하지 않거나 병원에서 말하지 않는 등 상황도 다양하다.

주로 유아기에서 아동기에 걸쳐 나타나는 증상이며 등교 거부로 이어지기 쉬우므로 주의가 필요하다.

말해야 한다고 생각할수록 긴장감이 커져 오히려 더 말하기 힘들어진다. 긴장감이 극에 달한 나머지 몸조차 움직일 수 없는 경우도 있다. 말하지 않아도 학교를 마음 편히 다닐 수 있게 도와주면서 조금씩 적응시키는 것이 바람직하다.

모든 것이 병적으로 불안한 사람

범불안장애

매사 걱정하고 끊임없이 고민하며, 이를 스스로 통제하지 못하는 것. 말하자면 극단적으로 병적인 걱정이다.

　범불안장애에서 나타나는 걱정은 일반적인 불안이나 공포와 달리 특정 요인으로 인한 것이 아니라는 점에서 예기우려라고 불린다. '이것도 걱정되고 저것도 걱정되고' 하는 식으로 걱정거리의 범위가 넓어지다가 모든 일에 불안을 느낀다. 걱정이 지나친 나머지 늘 안절부절못하고 쉽게 피로해지며 불면, 근육 긴장, 분노 조절 곤란, 집중력 저하 등이 발생한다.

질병을 끊임없이 두려워하는 사람

질병불안장애

관련 항목 > **건강염려증 | 135**

질병에 대해 지나치게 불안감을 느끼는 것. 과거에 '**건강염려증**'이라고 불리던 정신질환의 일부다. '암에 걸린 건 아닐까', '나도 모르는 사이 HIV에 감염되었을지도 몰라'라며 자신이 병에 걸렸을지도 모른다는 생각에 매몰된다. 병원에서 아무 이상 없다는 진단을 받아도 미처 발견하지 못한 병이 있을지도 모른다며 계속 걱정한다. 병원을 몇 번씩 찾아가기도 하고 의료인에게 성을 내기도 한다.

　반대로 큰 병에 걸렸다는 선고를 두려워해서 진료를 받아야 하는 상황인데도 병원을 피하는 사람도 있다.

좁은 공간을 두려워하는 두 가지 이유

폐소공포증

관련 항목 〉 공황발작 | 52

엘리베이터, 비행기, 지하철, 터널처럼 좁거나 밀폐된 공간, 뜻대로 움직이기 힘든 장소나 상황에서 격렬한 공포감을 느끼는 것. 그런 곳에 가거나 갈 일이 생기면 심장이 두근거리고 입이 바싹바싹 마르며 심하면 **공황발작**이 일어나기도 한다.

의료 현장에서는 MRI 검사를 받는 데 어려움을 겪는 사례를 볼 수 있다.

공포감의 원인으로는 무슨 일이 생겼을 때 도망갈 수 없다는 점과 폐쇄적인 공간 특유의 숨 막히는 느낌 두 가지가 있다.

폐소공포증(claustrophobia) 중에서도 자동차, 옷장, 관처럼 좁고 밀폐된 공간에 갇힐 가능성을 두려워하는 것은 '밀폐공포증(cleithrophobia)'이라고 한다.

64

불안과 강박

고소공포증

높은 곳에 가면 다리가 얼어붙고 가슴이 두근거리는 것 자체는 위험을 피하기 위한 방어 기제다. 하지만 높은 곳에 갈 때마다 극심한 고통을 느끼거나 높은 곳을 피하느라 일상생활에 지장이 생기는 수준이라면 고소공포증이라고 할 수 있다.

공포의 대상은 절벽 위, 옥상, 고층빌딩의 창가, 전망대, 흔들다리, 관람차처럼 매우 높은 곳부터 계단, 사다리, 책상처럼 주변에서 흔히 볼 수 있으면서 그리 높지 않은 곳까지 다양하다. 무리하지 않고 도전할 수 있는 높이부터 조금씩 익숙해지게 하는 식으로 치료한다.

한편 정신분석 이론 중에는 무의식적인 욕구와 충동에 대한 벌을 두려워하는 잠재의식이 고소공포증이라는 형태로 표출된다는 해석도 있다.

불안과 강박

주사공포증

DSM-5-TR의 진단 기준에 따르면 특정공포증 중 '혈액-주사-상해형'으로 분류되는 증상이다.

정확하게는 몸에 바늘을 찔러 약을 주입하는 행위에 대한 공포를 가리킨다. 하지만 알고 보면 약을 주입하지 않더라도 채혈 등을 위해 몸에 바늘을 찔러 넣는 것 자체를 두려워하는 '바늘공포증'인 경우가 많다.

바늘뿐만 아니라 뾰족한 물건 전반에 대한 두려움은 '첨단공포증'이라고 한다. 채혈 등으로 피를 보거나 피를 의식하는 일을 두려워하는 '혈액공포증'도 있다.

이러한 공포증을 앓는 사람 중에는 채혈을 위해 주삿바늘에 찔릴 때 맥박과 혈압이 높아졌다가 급격히 떨어지는 바람에 불쾌감을 호소하거나 정신을 잃는 사례도 있는데, 이는 '혈관 미주신경성 반사'라고 한다.

집합체에서 느끼는 혐오감

환공포증

원래는 구멍이 잔뜩 난 물건에 대한 혐오감을 가리키다가 표면이 우둘투둘한 물건에 대한 혐오감으로 범위가 넓어졌으며 일본에서는 '집합체공포증'이라고 불리기도 한다.

환공포증을 유발하는 대상으로는 연밥이 유명한데, 빵 단면에 생긴 기포, 배수구 구멍, 음식 위에 흩뿌려진 참깨, 스펀지, 창문에 맺힌 물방울 등 일상생활에서 흔히 볼 수 있는 사물을 두려워하는 사람도 있다. 어느 쪽이든 간에 그것을 두려워하는 합리적인 이유는 아직 발견되지 않았다.

다만 벌집은 대표적인 위험물이고 독이 든 동물, 물고기, 식물, 벌레 중에는 표면에 반점이 있는 종이 많으므로 인간이 진화하는 과정에서 몸에 밴 방어 기제라는 견해가 있다.

의학용어는 아니고 한 아일랜드인 여성이 인터넷상에서 사용하면서 퍼진 말이다.

병원에서 다루는 일은 거의 없지만 자주 화제가 되는 증상이에요.

3

해리

기억상실, 이인증, 다중인격 등

해리장애

관련 항목 > 이인증 | 68 　 해리성 기억상실 | 69
해리성 정체성장애 | 70 　 기능성 신경학적 증상장애 | 144

해리장애는 기억을 잃는 **해리성 기억상실**, 현실감이 사라지는 **이인증**과 비현실감, 여러 인격이 발생하는 **해리성 정체성장애**(다중인격)를 포함한다. 신체적 원인이 없는데도 운동이나 감각에 이상이 생기는 **기능성 신경학적 증상장애**(전환장애)를 포함하기도 한다.

　과거에는 '히스테리'라고 불렸다. 자궁을 의미하는 그리스어가 어원인데, 해리장애가 여성에게 많이 나타나 자궁이 원인이라고 여겨졌기 때문이다.

　원래 위협 자극에 노출되면 '투쟁–도피 반응'이 나타나는데, 투쟁도 도피도 쉽지 않은 상황과 맞닥뜨리면 체내에서 생성되는 진통 물질인 내인성 오피오이드 등으로 인해 시간, 장소, 현실 감각의 왜곡이나 해리가 발생하는 것으로 보인다.

　상황에서 의식을 떨어뜨리는 이격이나 뇌에 든 정보를 구분하는 구획화가 발생한다는 해석도 있다.

> 현실감이 사라지거나 기억을 잃거나 여러 인격이 번갈아 나타나는 것이 해리장애랍니다.

현실감이 사라지는 체험

이인증

관련 항목 〉 해리장애 | 67

주변 환경이나 자기 자신으로부터 분리된 듯한 느낌, 현실감과 자기 인식이 사라지는 느낌을 '이인증'이라고 한다. **해리장애**의 일종이며 DSM-5에서는 이인증과 비현실감을 묶어 '이인성/비현실감 장애'로 분류한다.

현실에서 멀어지는 느낌이 든다.

주변 환경과 나 사이에 막 같은 것이 있는 것 같다.

내가 나 자신이 아닌 것 같은 느낌이 든다.

내 행동이나 손발을 외부 관찰자가 되어 지켜보는 느낌이다.

이러한 느낌은 많은 사람이 살면서 한 번은 경험하기 마련인데, 그 느낌이 줄곧 이어지는 정신질환이 이인증이다.

이인증은 약으로 낫지 않는다. 증세를 너무 의식하지 말고 평소처럼 지내면서 장기적인 관점에서 상태가 안정되기를 기대해야 할 것이다.

69

해리

★☆☆

나는 누구? 여긴 어디?

해리성 기억상실

관련 항목 >  해리장애 | 67

충격적인 사건으로 인해 과거 일을 떠올리지 못하는 역행성 기억상실이 발생하는 것. 과거를 전부 잊어버리기도 하고, 일정 기간에 있었던 일만 잊어버리기도 하고, 특별한 사건에 관해서만 잊어버리기도 한다. 증상이 심하면 '여긴 어디? 나는 누구?'와 같이 정체성과 생활사까지 잊어버리는 전반적 기억상실이 된다.

우리의 기억에는 무슨 일이 있었는지 기억하는 '서술기억'과 어떤 일을 하는 방식을 기억하는 '절차기억'이 있는데 해리장애에서는 이 두 가지가 분리된다.

강한 감정과 관련된 기억을 가리키는 '정서기억'이라는 시스템이 어떠한 충격적인 사건으로 인해 일반적인 사실을 다루는 서술기억까지 제어하면서 발생하는 증상으로 여겨진다.

따라서 밥을 먹거나 옷을 입거나 지하철을 타고 이동할 수는 있어도 나는 누구인지, 여기는 어디인지, 지금은 언제인지 등은 알지 못한다.

아직 효과적인 약이 나오지 않았다. 저절로 낫는 사람도 있고, 기억이 없는 대로 새로운 삶을 시작하는 사람도 있다.

70

해리

★ ☆ ☆

다중인격

해리성 정체성장애

지금까지의 인격과 다른 인격이 등장해 종종 주도권을 쥐는 것. 이른바 '다중인격'이다.

새로운 인격은 원래 인격(주인격)과 사고방식도, 행동거지도, 말투도, 글씨체도 다르다. 일반적으로 주인격은 다른 인격에 관해 파악하지 못한다.

주인격은 다른 인격이 주도권을 쥐고 있는 동안 있었던 일을 기억하지 못하지만, 그동안에도 그 사람으로서 행동이 이루어진다. 따라서 당사자의 관점에서 보면 자신이 한 적 없는 말을 주위에서 전해 듣기도 하고, 산 기억이 없는 물건이 집에 놓여 있기도 한다.

해리성 정체성장애는 강한 스트레스에 대한 반응으로 나타나는 증상이다. 어떤 인격은 주인격을 대신해서 스트레스를 묵묵히 견디고, 어떤 인격은 공격적으로 행동하고, 어떤 인격은 뛰어난 말솜씨로 문제에 대응하는 등 새로운 인격은 주인격을 지키기 위해 존재하는 경우가 많다.

내 눈에만 보이는 존재

상상 속 친구

실제로는 어디에도 없지만 당사자는 있다고 믿는 상상 속 존재. 사람이 될 수도 있고 동물이 될 수도 있다. 의도적으로 상상하는 것이 아니라 당사자에게는 자연스럽게 보이고 대화도 할 수 있다.

거짓환각의 일종으로 '이매지너리 프렌드', '이매지너리 컴패니언(상상 동료)'이라고도 한다.

5~10살 무렵 나타나서 몇 개월에서 몇 년간 계속되지만, 따로 치료하지 않아도 저절로 사라지기 마련이다.

어릴 때는 표상(이미지)과 실제 지각을 분별하는 능력이 충분하지 않아 상상 속 친구가 생길 수 있다. 흔한 증상이지만 거의 언급되지 않는다.

상상 속 친구는 외로움을 달래고 안도감을 주면서 아이의 정서 발달을 돕는다고 해요.

수감자가 질문에 대해 이치에 맞지 않는 답을 내놓는 것

간저 증후군

관련 항목 ❯ 해리장애 | 67 ❯ 환각 | 172 ❯

교도소처럼 자유를 빼앗기는 스트레스 상황에 놓인 사람에게서 드물게 나타나는 증상이다. 트라우마로 인해 발생하기도 하며 **해리장애**의 일종으로 여겨진다.

특징적인 증상은 '이치에 맞지 않는 답'을 내놓는다는 것이다. 2 더하기 2가 무엇이냐는 질문에 '3'이라고 답하고, 말의 다리가 몇 개냐는 질문에 '다섯 개'라고 답하는 식이다. 의식이 흐릿해지고 자극에 대한 반응이 줄어드는 동요성 '의식혼탁'이 뒤따르기도 한다.

증상이 나타나는 동안 있었던 일은 기억하지 못하며 환청이나 환시와 같은 **환각**, 두통을 동반하기도 한다.

4

트라우마와
스트레스

트라우마로 인해 발생하는 PTSD

외상후 스트레스장애

관련 항목 〉 플래시백 | 74

죽을 뻔하거나, 중상을 입거나, 성폭행을 당하거나 당할 뻔하거나, 이러한 사건을 목격하는 등의 외상성 사건 뒤에 찾아오는 것. 'PTSD'로 통한다.

외상성 사건 직후에 나타나는 정신적 변화는 급성 스트레스장애에 해당한다. 하지만 정신적 변화가 한 달 넘게 이어지면 외상후 스트레스장애로 볼 수 있다.

주요 증상은 아래와 같다.

트라우마의 계기가 된 사건이 손에 잡힐 듯 생생하게 떠오르는 **플래시백**.

트라우마와 연관된 상황, 사람, 사물 등에 대한 회피. 교통사고를 당한 적이 있다면 사고 장소를 피하거나 자동차를 멀리한다.

부정적인 인식과 감정. 사건이 일어난 것을 자기 탓으로 돌리거나, 어디를 가든 불안해하거나, 기쁘다는 감정을 느끼지 못한다.

과각성과 과장된 놀람 반응. 늘 움찔거리며 주변을 경계하거나, 지나치게 놀라거나, 안절부절못하거나, 집중력이 낮아지거나, 불면증에 시달리거나, 자해한다.

과거의 트라우마를 다시 체험하는 것

플래시백

관련 항목 〉 **외상후 스트레스장애 | 73**

외상후 스트레스장애(PTSD)의 대표적인 증상.

과거 트라우마가 되었던 사건이 갑자기 떠오른다. 떠올릴 생각이 없거나 떠올리지 않으려고 노력하는데도 현재진행형인 행동과 생각을 밀어내고 들이닥친다.

트라우마와 관련된 상황이나 사물이 자극으로 작용해 일어나는 것이 일반적이지만 아무런 자극 없이도 일어날 수 있다.

심하면 사건 당시로 돌아간 것처럼 감각과 감정 등이 그대로 재현되어 극심한 고통을 받기도 한다.

과거에 있었던 괴로운 일을 몇 번이고 다시 체험한다니, 얼마나 힘들까요.

오랜 기간에 걸친 트라우마에 대한 반응

복합 PTSD

관련 항목 ▶ **외상후 스트레스장애 | 73**

가정 폭력, 신체적 학대, 성적 학대 등에서 탈출할 수 없는 상황이나 오랜 기간에 걸쳐 반복적으로 일어난 외상성 사건으로 인해 생기는 **외상후 스트레스장애**(PTSD).

'콤플렉스 PTSD'라고도 불린다. 일반적인 외상후 스트레스장애의 증상에 더해 아래와 같은 증상이 나타난다.

걸핏하면 화를 내고 기쁨을 느끼지 못하는 감정 제어 불능.

자신을 가치 없는 존재나 패배자라고 여기는 부정적 자기 인식.

괴로운 사건에 대해 부끄러움, 패배감, 죄책감을 느끼는 부정적 감정.

사람들과 친해지지 못하고 고립을 자처하는 대인관계 문제.

오랜 기간에 걸쳐 트라우마에 시달리면 감정을 제어하지 못하고 자신이 가치 없는 존재처럼 느껴져요.

다른 사람의 죽음을 하염없이 슬퍼하는 것

지속적 비탄장애

가족이나 친구 등 친한 사람이 죽고 나서 1년이 넘도록 그 사람을 계속 그리워하고, 떠올리고, 하염없이 슬퍼하는 것. 구체적으로 아래와 같은 행동을 보인다.

자신의 일부까지 죽은 것처럼 느껴진다.

죽음을 머리로는 이해하면서도 가슴으로는 받아들이지 못하고 믿지 못한다.

그 사람이 죽었다는 사실을 떠올리게 하는 것을 보거나 들으려 하지 않는다.

그 사람의 죽음과 관련된 것에 대해 분노와 원망을 느낀다.

그 사람이 죽은 지 한참이 지나도 교우 관계나 취미 활동을 다시 시작하지 못한다.

마음이 공허하고 감정이 사라지는 감정적 마비가 나타난다.

자신의 인생이 무의미하게 느껴진다.

극심한 외로움에 사로잡힌다.

5

애착장애

어릴 때 겪은 일이 나중에 미치는 영향

애착장애

관련 항목 ▶ **탈억제성 사회적 유대감 장애 | 78**
반응성 애착장애 | 79

유아기부터 아동기까지 방임과 같은 학대를 지속적으로 당한 탓에 애착에 문제가 생겨 나타나는 정신질환. DSM-5에서는 비교적 심각한 애착장애인 '**탈억제성 사회적 유대감 장애**'와 '**반응성 애착장애**' 두 가지를 다룬다.

아이는 불안과 슬픔에 사로잡혀도 부모의 포옹과 같은 '애착 행동'이 있으면 안심할 수 있다. 그리고 이러한 애착 행동을 통해 나중에는 부모라는 존재 자체가 안심의 소재가 되는 '애착 형성'이 이루어진다. 하지만 학대를 당하면 '애착을 통한 감정 처리'라는 건전한 경험을 겪지 못하므로 부정적인 감정을 어떻게 처리하고 통제해야 하는지 모르는 채 성장한다. 따라서 자기긍정감이 매우 낮고 비관적인 성격이 자리 잡으며 혼이 나면 그대로 굳어버리고 칭찬을 받아도 와닿지 않는다고 느낀다.

애착장애가 있으면 어른이 되고 나서도 인간관계에서 어려움을 겪을 뿐만 아니라 불안, 우울 삽화, 감정 조절 곤란 등으로 고민하기 마련이다.

상대가 누구든 허물없이 대하는 애착장애

탈억제성 사회적 유대감 장애

관련 항목 >  애착장애 | 77

자기 보호자를 의지하려 하지 않고 낯선 어른에게도 허물없이 행동하는 아이를 가리킨다. **애착장애**의 일종이다. 처음 보는 사람과도 거리낌 없이 이야기하고, 대화든 신체적 접촉이든 거부감이 없으며, 낯선 사람을 금방 따라간다. 일반적인 아이는 낯선 장소에서 부모를 비롯한 보호자가 어디에 있는지 두리번거리며 확인하기 마련인데, 애착장애가 있는 아이는 낯선 곳에서도 보호자를 의지하려 하지 않는다.

의식주 등 신변을 돌봐주는 사람이 없어 방임을 당하거나, 소수의 어른이 다수의 아동을 양육하는 시설에서 어린 시절을 보내거나, 위탁 부모가 계속 바뀌어 특정한 어른과 애착 형성을 이루지 못하면 나타날 수 있다.

상대가 누구든 주눅 들지 않고 이야기할 수 있는 사람 중에는 이 질환인 사람이 있을지도 몰라요.

반응성 애착장애

★ ★ ☆

관련 항목 >

힘든 일을 겪어 슬프거나 억울하거나 외롭다는 감정을 느껴도 보통의 아이들처럼 부모를 비롯한 어른에게 응석 부리려 하지 않는다. 위로를 받아도 거의 반응하지 않는다.

다른 사람과 관계 맺는 것을 싫어하며 기쁘다거나 즐겁다거나 하는 긍정적인 감정을 드러내지 않는다.

어른과 있을 때 안절부절못하거나 울적해지거나 겁을 먹는다.

힘든 일이 생겼을 때 부모에게 털어놓고 위로받은 경험이 부족한 사람에게 발생하는 **애착장애**의 일종이다.

아동기 부정적 경험

아동기와 사춘기에 겪는 고통스러운 경험. 영어로는 'Adverse Childhood Experiences(ACEs)'라고 한다. 구체적으로 아래와 같은 경험을 들 수 있다.

부모로부터 모욕, 폭언, 폭력, 성적 학대, 방임 등의 학대를 당했다.

가족 중 자신을 소중히 여기거나 보호해주는 사람이 없다고 느꼈다.

가족 간 사이가 오랫동안 나빴다.

별거나 부모의 이혼으로 인해 이별을 경험했다.

가족 내 폭력이나 폭언을 목격했다.

가족 중 약물 중독, 알코올 중독, 우울증 등 정신질환을 앓는 사람이 있었다.

가족 구성원의 자해 행위나 자살 시도를 목격했다.

복역 중인 가족 구성원이 있는 등 어려운 환경에서 자랐다.

이로 인한 신체적·정신적 스트레스에 노출된 아이는 이후 삶에서도 부정적인 영향을 받기 쉽다.

발달 외상 장애

관련 항목 >  복합 PTSD | 75 애착장애 | 77

아동기와 사춘기에 학대를 당하거나 애착 관계를 형성하기 힘든 양육 환경에서 자란 탓에 애착장애가 발생해 아래와 같은 경향을 보이는 것.

공포, 분노 등의 감정을 참거나 조절할 수 없다. 식사, 수면 등에 있어 자기 신체를 제어할 수 없다. 자기 몸이 보내는 신호를 알아차리지 못한다. 자기 감정이나 몸 상태를 명확히 알리지 못한다. 위험에 지나치게 얽매이거나 반대로 위험을 인식하지 못한다. 금방 자포자기하고 스릴을 추구한다. 불쾌한 기분을 가라앉히기 위해 부적절한 행위나 자해를 한다. 목적이 있는 행동을 꾸준히 이어나가지 못한다. 안정적인 인간관계를 유지하기 힘들고 자신에 대해 제대로 받아들이지 못한다….

발달 외상 장애일 경우 발달 과정에서 우울증, 불안장애, 섭식장애 등 여러 정신질환이 잇따라 발현되기도 한다. 이는 복합 PTSD와 공통되는 요소라고 할 수 있다.

내가 느끼는 감정이
무엇인지도 모르겠고 조절도 못 하겠어
노력은 어떻게 하는 걸까?
인내란 어떻게 하는 걸까?

6

의존과 탐닉

술을 끊지 못하는 것

알코올사용장애

관련 항목 > 　내성 | 84　　심리의존과 신체의존 | 88

술을 갈망하는 **심리의존**과 술을 마시지 않으면 금단증상이 나타나는 **신체의존**으로 인해 술을 끊고 싶다고 생각하면서도 계속해서 마시는 것.

　조금만 마시려던 것이 자기도 모르게 만취할 때까지 마시는 조절 기능의 문제로 인해 술을 줄이려고 노력해도 줄이지 못하고 오히려 술에 강해지는 '**내성**'이 생겨 음주량이 늘어난다.

　결국 알코올이 생활의 중심을 차지하며 사회 활동, 일, 취미 등은 엄두도 못 내고 하루의 대부분을 술만 마시면서 보낸다.

　음주운전 등 위험한 행동에 손을 대고, 주위 사람에게 몇 번씩 폐를 끼치고, 심지어 사건을 일으키기도 한다. 직장, 가정, 사회생활이 망가지고 있다는 사실도 건강상 문제도 잘 알고 있지만 음주를 그만두지 못한다.

만취라고 해서 다 같은 만취가 아니다

만취

알코올 등으로 인해 취하는 것. '명정(酩酊)'이라고도 한다. 감각 둔화, 감정 변화, 두 뇌 활동 저하, 불안정한 걸음걸이, 의식장애 등 다양한 양상이 나타난다.

마신 만큼 취하는 일반적인 만취는 '단순명정'이다. 한편 적은 양의 술로도 의식장 애가 발생해 인격의 연속성이 끊어지거나 기억을 잃는 등 양적 이상으로 인한 것은 '병적명정'이라고 한다. 술만 마시면 흥분해서 버럭 화내고 폭언과 폭력을 서슴지 않는 질적 이상, 소위 말하는 술주정은 '복잡명정'이다. 병적명정과 복잡명정을 합쳐 서 '이상명정'이라고 한다.

기분이 좋아질 때까지만 마시면 누가 뭐 라고 하겠어요. 하지만 술로 인해 문제가 생긴다면 조심해야 해요.

술에 취하지 않는 것

내성

물질사용장애에서 문제가 되는 것이 '내성'이다. 술을 계속 마시다 보면 같은 양을 마셔도 잘 취하지 않게 되고 취하는 데 필요한 양이 늘어나는데 이를 '내성 형성'이라고 한다.

음주와 관련된 내성에는 알코올에 대한 신경 감수성이 낮아지는 '조직내성', 간이 알코올을 대사하는 속도가 빨라지는 '대사내성', 만취 상태에 익숙해지면서 알코올의 영향이 행동에서 드러나지 않는 '행동내성' 세 가지가 있다.

반대로 메스암페타민과 같은 각성제는 사용을 반복하는 동안 더 적은 양으로도 정신적인 반응이 일어나는 '역내성 현상'이 나타난다.

술을 끊었을 때 나타나는 증상

알코올 금단

관련 항목 > 정신운동 초조 | 4   환각 | 172
작은 동물 환시 | 201

오랜 기간 대량으로 술을 마시던 사람이 갑자기 음주량을 줄이거나 단주했을 때 발생하는 아래와 같은 증상. '금단증상'이라고도 한다.

발한이나 잦은맥박과 같은 자율신경계 항진, 손 떨림, 불면, 구토감, 불안, **환각**(벌레나 쥐가 보이는 **작은 동물 환시**가 대표적)처럼 가벼운 금단증상.

안절부절못하고 늘 가슴 졸이는 **정신운동 초조**, 뇌전증과 같은 경련성 발작, 진전섬망이라고 불리는 의식장애처럼 심각한 금단증상.

이들은 일시적인 증상이므로 시간이 지나면 가라앉는다. 또한 음주량을 서서히 줄이면 금단증상도 비교적 약하게 나타난다.

대처법으로는 벤조디아제핀이라는 항불안제나 수면제를 일시적으로 사용하거나 입원 치료를 받는 것이 있다.

사용장애를 앓는 가족을 대하는 법

인에이블링

관련 항목 > 알코올사용장애 | 82

알코올사용장애를 앓는 당사자가 져야 할 책임을 가족이 대신 지는 것.

당사자가 숙취 때문에 출근하지 못하면 회사에 대신 전화해 둘러댄다.

당사자가 취해서 토하면 군말 없이 치워준다.

사회생활이 힘든 당사자 대신 일해서 가계를 유지한다.

이러한 인에이블링(enabling)을 통해 당사자가 계속 술을 마셔도 되는 상황을 만드는 가족을 '인에이블러'라고 한다.

사용장애 치료에는 가족의 지지도 중요하므로 마냥 방치하는 것은 좋지 않다. 하지만 인에이블링을 그만둘 때, 비로소 당사자는 알코올의 굴레에서 벗어나지 못하는 자기 자신을 직면할 수 있을 것이다.

의존증을 앓는 가족을 뒷바라지하는 사람에게서 나타나는 의존증

공의존

관련 항목 > **알코올사용장애 | 82** **중독과 탐닉 | 90**

술을 마시지 않도록 감시하고, 술을 마시면 혼내고, 당사자가 일으킨 문제를 대신 처리하는 등 **알코올사용장애**를 앓는 가족을 뒷바라지하는 과정에서 그 뒷바라지하는 사람이 빠지기 쉬운 증상이다. 인간관계에서 나타나는 **행동 탐닉**의 일종이다.

이러한 공의존은 자기 힘으로 통제하기 힘든 내면의 갈등을 안고 있는 사람이 사용장애를 앓는 가족을 통제하는 방식으로 해소하려는 시도로 해석된다.

공의존에 빠진 사람은 자신이 처한 상황과 자신이 진짜 원하는 것을 파악하고 시간, 돈, 에너지, 그리고 삶 자체를 사용장애 환자가 아니라 자기 자신을 위해 사용해야 한다. 사용장애 치료에는 가족의 지지가 필요하지만, 각자 자립할 수 있는 상태가 전제되어야 한다.

사용장애를 일으키는 두 가지 의존

심리의존과 신체의존

관련 항목 > **알코올사용장애 | 82**

알코올사용장애, 약물사용장애를 비롯한 물질사용장애에서 주로 쓰이는 용어이다.

심리의존은 스스로 제어하기 힘든 욕구가 생기는 상태를 가리킨다. 갈망이라고도 한다. 알코올사용장애를 예로 들면 술을 마셨을 때 느끼는 쾌감이 떠오르거나, 힘든 일을 잠시나마 잊고 싶다는 생각에 술을 간절히 찾게 된다.

신체의존은 해당 물질의 섭취를 줄이거나 그만두면 금단증상이 생기는 상태를 가리킨다. 금단증상은 물질의 종류에 따라 다른데 알코올은 불면, 불안, 구토감 등을 일으키고 각성제는 졸음, 우울 삽화 등을 일으킨다.

물질사용장애는 심리의존과 신체의존이 합쳐진 상태라고 볼 수 있다.

알코올사용장애에 뒤따르는 신경인지장애

베르니케뇌병증과 코르사코프 증후군

관련 항목 ▷ | 알코올사용장애 | 82 ▷ | 지남력장애 | 260

베르니케뇌병증에서는 기억장애, 의식장애, 눈을 이리저리 충분히 움직이지 못하는 안구운동장애, 걷기를 비롯한 운동능력에 문제가 나타나는 조화운동못함증(운동실조)이 발생한다.

심해지면 코르사코프 증후군으로 발전하며 의식장애, 자신이 있는 장소나 시간을 파악하지 못하는 **지남력장애**, 어떠한 일이 기억나지 않을 때 단편적인 기억과 문득 떠오르는 생각을 적당히 짜깁기해서 없는 이야기를 지어내는 작화증이 나타난다.

원인은 비타민B1(티아민) 결핍이다. 비타민B1 결핍은 영양실조나 위암 등에서도 나타나지만, 알코올을 오랜 기간 대량으로 마셔도 발생하기 쉬워 **알코올사용장애**에서 문제가 되는 일이 많다.

통제하지도, 그만두지도 못하는 것

중독과 탐닉

관련 항목 〉 심리의존과 신체의존 | 88   인터넷게임장애 | 93
도박장애 | 94

'중독'은 유해물질로 인한 신체 증상(intoxication)과 사용상의 문제로 알코올이나 약물 등을 끊임없이 갈망하는 **심리의존**(addiction)을 모두 가리킨다. 해당 물질의 섭취를 줄이거나 그만두었을 때 신체적으로 발생하는 금단증상은 **신체의존**인데, 물질사용장애는 심리의존과 신체의존을 포괄하는 개념이다.

소위 말하는 **도박중독**과 **게임중독**은 사회적으로 통용되는 단어이기는 하나, 도박과 게임 모두 섭취 과정에서 이상 반응을 일으키는 물질이 아니므로 '중독'이라는 용어를 사용하면 혼란을 줄 수 있다.

물질이든 행동이든 무언가에 푹 빠져서 자기 자신을 통제하지 못하는 상태를 표현하는 단어로는 '탐닉'이 있다. 따라서 도박이나 게임에 심취하는 것은 중독이 아니라 행동 탐닉이라고 봐야 한다.

다만 도박 문제를 다루는 법령과 보건 정책에서도 '도박중독'이라는 표현이 빈번히 쓰이는 만큼 실질적으로는 행동 탐닉도 중독으로 여겨진다고 볼 수 있다.

연쇄 방화의 원인이 되는 방화벽

파이로마니아

병적 방화. 불을 지르고 싶어지는 정신질환이며 연쇄 방화범 중 일부가 여기에 해당한다.

방화의 목적은 돈, 복수 등 개인에 대한 공격, 범죄 행위 은폐와 관련이 없으며 단순 쾌락을 위한 것도, 환각이나 망상에 의한 것도 아니다.

파이로마니아는 불을 지르기 직전의 긴장감과 스릴, 도망치는 데 성공했을 때 느끼는 해방감과 만족감, 번지는 불길과 소화 활동과 우왕좌왕하는 사람들을 보는 것에서 흥분을 느껴 방화에 빠진다.

92

의존과 탐닉

★ ★ ☆

도둑질을 끊지 못하는 도벽

클렙토마니아

관련 항목 >

병적 도벽. 소위 말하는 '도둑질 중독'이다.

상습 절도 중 금전적 이익을 위한 직업형 절도나 가난을 견디다 못해 저지르는 생계형 절도와 달리, 클렙토마니아의 도둑질은 돈과 관계없이 절도를 위한 절도라는 점이 특징이다.

훔치기 직전에 느끼는 긴장감, 훔치고 난 뒤에 느끼는 해방감과 성취감에 빠져 도둑질하고 싶은 충동을 거스르지 못한다. 알코올이나 약물사용장애에 가까운 행동 **탐닉**의 일종이다.

치료 약은 없다. 가족이나 의료인과 문제를 공유하고 충동에 대처하는 방법을 고민하며 생활 방식을 바꿔야 한다.

의존과 탐닉

★ ★ ☆

인터넷게임장애

소위 말하는 '게임중독'이다. DSM-5에는 '인터넷게임장애'라는 진단명으로 실렸으며 연구가 더 필요한 대상으로 여겨진다.

인터넷을 매개로 하는 게임인 인터넷 게임에 빠져 자기 자신을 통제하지 못하고, 게임에 많은 시간을 쏟아붓고, 다른 활동에 소홀해지고, 가족의 눈을 피해 게임에 몰두하거나 주위 사람을 속이면서까지 사태를 숨긴다. 그 바람에 개인, 가정, 직장, 사회생활, 학업 등에 큰 문제가 생기고, 문제가 생겨도 게임을 그만두지 않는다. 게임을 하지 못하는 상황에 놓이면 기분이 울적해지고 안절부절못하고 불쾌해지는데, 이러한 상태를 게임으로 풀려고 한다.

치료 약은 없으며 게임과 거리를 두어야 한다.

게임, 재미있죠. 하지만 생활의 균형을 무너뜨릴 만큼 과몰입하면 안 돼요.

도박을 끊지 못하는 병

도박장애

관련 항목 > 중독과 탐닉 | 90

흔히 '도박중독'이라고도 하며 행동 탐닉의 일종이다. '병적 도박'이라고도 불린다. 도박에 져서 잃은 만큼 도박으로 되찾으려 하고 더 강한 흥분을 얻기 위해 판돈을 늘린다. 불안과 고민을 도박으로 해소하려 하고 도박을 하지 않으면 마음이 진정되지 않으며 늘 도박에 사로잡혀 있다. 돈이 다 떨어지면 빚을 지고 주위에서 말리면 거짓말을 하면서까지 도박을 계속하므로 가정과 사회 할 것 없이 다양한 문제가 생긴다. 따라서 머릿속 한구석에서는 도박이 위험하다는 사실을 알면서도 도박을 줄이지도, 그만두지도 못한다.

허비한 돈과 시간 등을 기록하면서 도박에서 멀어지는 치료가 필요하다.

도박으로 돈만 잃는다고 생각하면 오산이에요. 소중한 사람도 시간도 일도 어느샌가 당신 곁에서 사라지고 없을 거예요.

물건 구매를 멈출 수 없는 것

쇼핑중독

관련 항목 > 알코올사용장애 | 82 내성 | 84
중독과 탐닉 | 90

병적 구매. '오니오마니아'라고도 한다. 행동 **탐닉** 중 하나로 남성보다 여성에게서 많이 나타난다.

쇼핑에 대한 저항하기 힘든 욕구가 발생하는 상태이다. 무엇을 살지도 정하지 않고 가게에 가 내키는 대로 비싼 물건을 사면서 만족감과 쾌감을 누리지만, 이후 밀려드는 죄책감에 침울해진다. 산 물건 대부분은 상자째로 아무렇게나 쌓여 있다.

구매 액수가 점점 커진다는 점이나 쇼핑을 하지 못하면 기분이 나빠지고 안절부절 못한다는 점에서 **알코올사용장애**에서 나타나는 **내성** 형성, 금단증상과 비슷하다.

또한 쇼핑중독인 사람은 가족 중에 알코올사용장애나 약물사용장애를 앓는 사람이 많은 것으로 나타나 다른 사용장애와도 관련이 있는 것으로 여겨진다.

알코올이 존재하지 않는 생활도 비현실적이지만 쇼핑을 아예 하지 않는 생활은 불가능에 가깝다. 따라서 완치가 힘들다.

또 사버렸어…

털을 뽑고 싶어서 참을 수 없는 발모광

털뽑기장애

관련 항목 〉 **강박장애 | 42** **피부뜯기장애 | 50**
중독과 탐닉 | 90

자신의 털을 뽑고 싶어서 참을 수 없으며 이로 인한 탈모로 고민하는 것. '발모광', '트리코틸로마니아'라고도 한다.

어린아이에게서 흔히 보이며 남녀 할 것 없이 나타난다. 다만 어린아이의 털뽑기장애는 대체로 자연스럽게 낫는다. 반면 어른에게 나타나는 털뽑기장애는 여성의 비율이 높고 오랜 기간 당사자를 괴롭히기 마련이다.

뽑는 털은 머리카락, 눈썹, 음모 등 다양하다. 털을 뽑고 싶다는 충동이 생기고, 털을 쭉 잡아당길 때 느껴지는 긴장감과 털이 쑥 뽑힐 때 느껴지는 해방감에 빠진다.

자기 피부를 반복적으로 뜯는 **피부뜯기장애**도 비슷한 질환이다.

행동에 대한 심리의존, 즉 행동 **탐닉**의 요소가 있는가 하면 알면서도 하지 않고는 못 배긴다는 점에서 **강박장애**를 주축으로 하는 강박스펙트럼장애의 요소도 있다.

특효약은 없다. 털을 뽑고 싶다는 충동이 생길 때마다 손을 막는 등의 대책이 필요하다.

97

의존과 탐닉

라푼젤 증후군

★ ★ ★

관련 항목 > **털뽑기장애 | 96**

'**털뽑기장애**', 즉 '트리코틸로마니아'가 자기 머리카락을 뽑는 것이라면 뽑은 머리카락을 먹는 것은 '트리코파지아(식모벽)'라고 한다.

머리카락은 먹어도 소화되지 않는다. 머리카락이 짧으면 다행이지만 긴 머리카락은 위에서 장을 거쳐 몸 밖으로 배출되지 못한다. 따라서 트리코파지아를 오랜 기간 유지하면 수많은 털이 위 속에서 엉켜 '위창자털덩이'라고 불리는 덩어리를 이룬다. 이러한 상태를 라푼젤 증후군이라고 한다.

위돌(위석)은 위의 기능장애를 일으키며 사람에 따라 복통, 구역질, 영양장애를 초래하기도 한다.

위돌이 작은창자(소장)에 들어가면 좁은 통로에서 통과장애를 일으켜 수술이 필요해질 수 있다.

의존과 탐닉

손톱물어뜯기

★ ★ ★

손톱을 물어뜯는 행위를 그만두지 못하는 것. '교조증', '네일 바이팅', '오니코파지아' 라고도 한다. 주로 아동기와 사춘기에 나타나며 스트레스가 원인인 경우가 많다.

손톱이 극단적으로 짧아지고 손톱을 물어뜯는 모습을 들켰을 때 수치심을 느낀다는 점에서 당사자에게 큰 고민거리가 된다.

손톱을 물어뜯는 모습을 보고 혼내거나 놀리면 오히려 증상을 악화시킬 수 있다. 손톱물어뜯기를 멈추게 하는 데는 손톱에 쓴 약을 바르는 방법이 있다. 쓴맛이 싫어 손톱을 물어뜯지 않게 될 뿐만 아니라 쓴맛을 통해 무심코 손톱을 물어뜯는 행위를 자각하는 효과도 있다. 손톱을 물어뜯고 싶다는 충동을 알아차리자마자 공을 쥐거나 그림을 그리는 등 대신 몰두할 만한 행동을 습관으로 들이는 것도 효과적이다.

또한 아이라면 손톱에 귀여운 그림을 그리고 어른이라면 네일 아트를 해도 손톱을 소중하게 여길 수 있게 된다.

99

의존과 탐닉

★ ★ ★

지연 할인

무언가를 얻기까지 시간이 걸릴수록 그 가치가 떨어지고 하찮게 느껴지는 심리 현상을 말한다.

사람은 누구나 눈앞에 놓인 단기적인 이익과 몇 수 앞을 내다보는 장기적인 이익 사이에서 끊임없이 흔들린다. 눈앞에 있는 아이스크림을 먹고 일시적인 행복을 누릴지, 먹지 않고 버텨서 건강과 날씬한 몸매를 얻을지 고민하는 식이다.

지금 당장 100만 원을 얻을 수 있는 권리와 한 달 뒤에 110만 원을 얻을 수 있는 권리를 비교하면 누가 봐도 후자가 유리하다. 하지만 지연 할인으로 인해 전자를 고르는 사람도 있다.

지연 할인의 강도는 개인의 상황이나 심리 상태에 따라 다르지만 물질사용장애에서 큰 영향을 미친다. 힘든 일이 생겼을 때 본질적으로 해결하는 대신 술에 취해 시간을 보내거나 꾸준히 일해서 돈을 버는 대신 슬롯머신의 당첨 확률에 혹하는 등 근시안적이고 충동적인 행동에 끌리기 쉽다.

약물 남용으로 인한 무기력

무동기 증후군

관련 항목 > **양성 증상과 음성 증상 | 171**

대마, 유기용제 등을 사용하는 사람에게 일어날 수 있는 만성적인 정신이상. 특히 대마 사용자에게 발생하면서 주목받기 시작한 개념인데, 유기용제나 처방전 없이 구매할 수 있는 기침약을 남용해도 발생할 수 있다.

흔히 장기 사용 시 나타나는 것으로 알려져 있으나 단기 사용 시에도 나타날 수 있다는 지적이 나오고 있다. 주로 다음 증상들이 문제시되는 지속적 장애다.

의욕이 사라지고 무기력해진다. 감정이 무뎌지고 모든 일에 무관심해진다. 주의 집중이 오래가지 못한다. 기억력 저하 등 인지기능장애가 생긴다.

이러한 증상들은 조현병의 **음성 증상**과 비슷하다.

치료에는 항우울제나 활성화 작용을 하는 비정형 항정신병약이 쓰이지만, 낫지 않는 경우도 많다. 따라서 약물 남용에는 주의가 필요하다.

7

발달장애

사회생활을 힘들게 하는 장애

발달장애

관련 항목 ▶ **자폐스펙트럼장애 | 102**　　**주의력결핍 과잉행동장애 | 111**
틱장애 | 113　　**특정학습장애 | 116**
지적발달장애 | 120　　**발달성 협응장애 | 122**

'성장'은 체격, 체중 등 신체적인 변화를 가리키고 '발달'은 지능, 언어, 운동, 사회성과 같은 능력이 더 높은 단계로 나아가는 것을 가리킨다. 발달장애는 발달 시기에 발달 과정에서 생기는 장애를 통틀어 이르는 말로, 그 범위가 넓어 DSM-5에서는 '신경발달장애'라는 범주 안에 다양한 장애가 포함되어 있다.

사회적 의사소통의 결함과 상동증이 문제가 되는 **자폐스펙트럼장애**, 읽고 쓰고 계산하는 것 중 일부에 어려움을 겪는 **특정학습장애**, 부주의나 과잉행동이나 충동성으로 고민하는 **주의력결핍 과잉행동장애** 등을 발달장애로 정의한다.

그 밖에도 **틱장애**와 **발달성 협응장애**가 포함되며 상황에 따라 **지적발달장애**가 포함되기도 한다.

발달장애는 아동의 약 7%에서 나타난다고 하며 기본적으로는 각각의 특성에 맞는 교육과 지원이 필요하다.

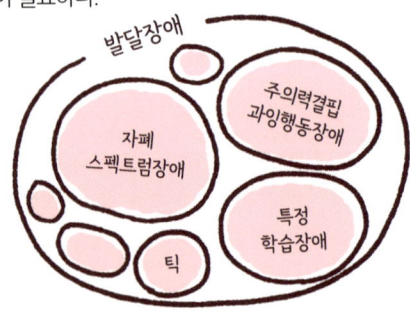

102

발달장애

★ ☆ ☆

사회생활과 의사소통에 어려움을 겪는 것

자폐스펙트럼장애

관련 항목 〉 **아스퍼거 증후군 | 104**

과거 자폐증이나 **아스퍼거 장애**라고 불리던 이 질환은, 단순히 장애가 '있다/없다'의 문제가 아니라 연속적인 스펙트럼에 다양한 양상과 강도로 분포되어 있다고 이해되면서 오늘날에는 '자폐스펙트럼장애'라고 불린다. 타고나는 특성으로 여겨진다.

다른 사람과 정서적인 관계를 구축하지 못해 친구가 적고 비언어적 의사소통에 어려움을 겪으며 아래와 같은 특징을 보인다.

물건을 일렬로 늘어놓으면서 논다. 같은 행동이나 말을 반복하는 등 상동증적이거나 반복적인 행위를 한다.

규칙과 습관에 대한 집착이 강해 정해진 일을 정해진 시간에 하려고 한다.

한정적인 일에 흥미를 보이는 경향이 있어 철도를 비롯한 특정 분야에 박식하다.

갑작스러운 소리에 지나치게 깜짝 놀라거나 온도 변화에 반응하지 않는 등 감각 정보에 대해 과잉 또는 과소 반응을 보인다.

자폐성 장애 중에서도 카너 증후군

윙의 3대 증상

관련 항목 > **자폐스펙트럼장애 | 102**

아동정신과 전문의인 로나 윙이 자폐성 장애의 특징에 관해 제시한 증상. 아래 세 가지 특징을 모두 만족하는 자폐성 장애는 '카너 증후군'이라고 불린다.

① **사회성 결여**: 어떤 것은 매우 두려워하고 어떤 것은 매우 좋아하는 식으로 독특한 감정을 보인다. 상대방의 감정을 이해하고 암묵적인 규칙을 받아들이고 상식을 익히는 것을 힘들어한다.

② **의사소통 결함**: 언어능력 자체에는 문제가 없지만 언어적 표현이 편중되어 있고 독특한 단어를 사용한다. 대화를 주고받거나 분위기를 파악하는 것을 힘들어한다. 표정, 시선, 몸짓을 이해하거나 구사하는 데 어려움을 겪는다.

③ **상상력 결핍**: 눈앞에 구체적으로 존재하는 사물은 인식할 수 있지만, 존재하지 않는 사물이나 가능성은 이해하지 못한다. 일이나 사물을 직감적으로 이해·응용하는 데 어려움을 겪으므로 예상하지 못한 일이 벌어지면 대응하지 못한다.

의사소통 결함 ?

다른 사람의 표정을 읽지 못하고 비유를 이해하지 못한다 생략된 말을 추론하지 못한다

사회성 결여

사람에게 관심이 없다 사람보다 사물 소외되기 십상

상상력 결핍

예상하지 못한 일에서 불안을 느끼므로 늘 같은 것을 고집하고 정해진 일정에 집착한다

지적 발달에는 문제가 없는 자폐스펙트럼장애

아스퍼거 증후군

관련 항목 ❯ 　자폐스펙트럼장애 | 102　　윙의 3대 증상 | 103

'카너 증후군'이라고 불리는 자폐성 장애(134쪽 참고)와 마찬가지로 사회성 결여, 의사소통 결함, 상상력 결핍이라는 **윙의 3대 증상**은 모두 갖추고 있으나 지능 저하가 나타나지 않아 자폐성 장애로 다뤄지지 않았던 것.

한스 아스페르거가 처음으로 증례를 보고했으며 로나 윙이 아스퍼거 증후군이라는 이름으로 정리해서 발표했다.

DSM-Ⅳ에서는 자폐성 장애의 특징을 지니면서도 지능 저하는 동반하지 않는 상태를 아스퍼거 증후군으로 정의했는데, 이는 소위 말하는 '고기능 자폐장애'에 해당한다. 고기능 자폐장애는 지적 능력이 높은 사람부터 아주 낮지는 않은 사람까지 포함하는 개념이다.

DSM-5에서는 지적 능력의 높고 낮음과 관계없이 **자폐스펙트럼장애**에 통합되었다.

머리는 좋은데 좀…

다른 사람의 손을 도구처럼 사용하는 행동

크레인 현상

관련 항목 〉 자폐스펙트럼장애 | 102   지적발달장애 | 120

다른 사람에게 부탁하고 싶은 일이 있을 때 그 사람의 손을 잡고 크레인처럼 목적지까지 끌어다 놓는 행동. 보고 싶은 텔레비전 프로그램이 있으면 부모의 손을 리모컨 쪽으로 잡아당기는 식이다. 멀리 있는 물건을 가리킬 때 다른 사람의 손가락을 사용하는 것도 넓은 의미에서 크레인 현상이라고 할 수 있다.

　주로 **자폐스펙트럼장애**나 **지적발달장애**인 어린아이에게서 나타나며 의사소통이 뜻대로 되지 않을 때 보이는 행동이다.

상대방에게 손등을 보이며 손을 흔드는 자폐스펙트럼장애

손등 인사

관련 항목 › **자폐스펙트럼장애 | 102** ›

손을 흔들며 인사할 때 보통은 상대방에게 손바닥을 보여주는 데 반해 손바닥이 자기 쪽을 보도록 하고 상대방에게 손등을 보여주는 것. **자폐스펙트럼장애** 등으로 인해 나타난다.

동작의 형태만 모방하고 그 방향성은 모방하지 못하는 부분 모방의 일종이다. 무언가를 상상하는 일에 어려움을 느끼는 자폐스펙트럼장애의 특성상 자기 시점과 타인 시점을 자유롭게 오갈 수 없으므로, 손바닥을 보이며 손을 흔드는 다른 사람의 동작을 자기 시점에서 모방하는 것이다.

상대방의 말을 되풀이하는 반향어

메아리증

관련 항목 〉 자폐스펙트럼장애 | 102   틱장애 | 113   조현병 | 170
알츠하이머형 신경인지장애 | 251   픽병 | 254

맞장구치듯이 상대방의 말을 의미 없이 그대로 되풀이하는 것. '반향어'라고도 한다. 원인은 다양한데 상대방이 하는 말을 이해하지 못해 그대로 따라 하는 언어능력 문제, 대답을 해야 하는 상황에서 상대방의 말만 되풀이하는 의사소통 문제, 주변에서 주어지는 자극에 영향을 받기 쉬운 뇌 상태 등이 있다.

말이 아니라 동작을 따라 하는 것은 '반향동작(모방행동)'이라고 하며 반향어와 반향동작을 합쳐서 '반향현상'이라고 한다.

자폐스펙트럼장애, **틱장애**, **알츠하이머형 신경인지장애**, **픽병**, **조현병** 등으로 인해 생기기도 한다.

메아리증이라는 한 가지 증상도 배경에 어떤 질환이 있느냐에 따라 원인이 다양하답니다.

과거에 있었던 일을 갑자기 다시 체험하는 자폐스펙트럼장애

타임슬립 현상

관련 항목 〉　플래시백 | 74 　자폐스펙트럼장애 | 102

자폐스펙트럼장애인 사람이 과거에 있었던 일을 마치 조금 전에 있었던 일처럼 여기는 것. 과거의 체험이 현재 진행 중인 체험을 비집고 들어와 머릿속에 떠오르는 수준을 넘어 지금 이 자리에서 그것을 다시 체험하는 것이다. 과거와 현재를 혼동하는 순행성 기억상실의 일종이다.

　외상후 스트레스장애에서 나타나는 **플래시백**과 비슷하지만, 타임슬립 현상은 괴로운 일뿐만 아니라 즐거운 일에 대해서도 일어나는 것이 특징이다.

시간적인 혼란이라니
독특한 증상이죠.

109

 발달장애

★ ★ ★

동반질환

관련 항목 > 우울증 | 1   발달장애 | 101
자폐스펙트럼장애 | 102   주의력결핍 과잉행동장애 | 111

겉으로 드러나는 질환뿐만 아니라 그 이면에 숨은 **발달장애** 경향까지 고려하기 위한 개념. 예를 들어 처음에 진단받은 **우울증**은 겉으로 드러나는 옷이고 그 옷을 벗으면 발달장애 경향이라는 옷을 한 겹 더 입고 있는 식이다. 이러한 이미지로 인해 일본에서는 '레이어드 증후군'이라고 불린다.

실제로 우울증, 불안장애, 성격장애 등 다양한 정신질환에 대해 항우울제 투약과 같은 일반적인 치료를 진행해도 생각만큼 효과가 나오지 않는다면 그 배경에 가벼운 발달장애 경향이 있을지도 모른다.

여기서 말하는 발달장애는 **자폐스펙트럼장애**나 **주의력결핍 과잉행동장애**를 가리킨다. 자폐스펙트럼장애나 주의력결핍 과잉행동장애까지는 아니더라도 그 '경향'이 있는 것만으로도 일상생활과 사회생활에 애로사항이 늘어나기 마련이다.

다른 사람과 대화하는 데 어려움을 겪는 것

사회적(실용적) 의사소통장애

관련 항목 > **발달장애 | 101**

발달장애의 일종으로, 언어를 말할 수도 있고 듣고 이해할 수도 있지만 실제로 다른 사람과 의사소통할 때는 어려움을 겪는 것.

말을 있는 그대로 전하는 것은 어찌어찌 가능해도 말로 드러나지 않는 사실을 파악하는 행간 읽기, 비유, 농담, 반어, 동음이의어, 지시대명사 등은 제대로 이해하지 못한다.

또한 존댓말과 반말을 구분해서 사용하는 등 상황에 맞게 어투를 전환하는 것이 힘들고, 맞장구를 제대로 치지 못하므로 실제 의사소통에서 많은 고충을 겪는다.

자꾸 깜빡하거나 차분히 앉아 있지 못하거나

발달장애

★☆☆

주의력결핍 과잉행동장애

'ADHD(Attention-Deficit/Hyperactivity Disorder)'라고도 한다. 때때로 나타나는 증상이 아니라 어릴 때부터 존재하는 특성이며 주로 아래와 같은 문제가 발생한다.

• 부주의로 인한 문제

사소한 일로도 주의가 산만해진다.
학교에서도 회사에서도 주의 집중이 오래가지 못한다.
이야기에 집중하지 못한다.
서류 작업에 서툴러서 맡은 일을 끝내지 못한다.
물건 정리나 시간 배분에 어려움을 겪는다.
준비물을 잘 깜빡한다.
물건을 자주 잃어버린다.

• 과잉행동이나 충동성으로 인한 문제

가만히 있으면 마음이 진정되지 않는다.
손발을 가만두지 못한다.
수업 중 이유 없이 자리를 떠난다.
올라가면 안 되는 곳에 올라가거나 마구 뛰어다닌다.
잠시도 조용히 있지 못하며, 말이 많다.
자신의 차례를 기다리지 못한다.
남의 이야기가 끝날 때까지 참지 못하고 중간에 끼어든다.
이유 없이 남에게 말을 걸거나 허락 없이 남의 물건을 사용한다.

발달장애에서 흔히 나타나는 몰두

과집중

관련 항목 > 자폐스펙트럼장애 | 102
주의력결핍 과잉행동장애 | 111

관심 있는 일이나 좋아하는 일에 몰두하기 시작하면 지나치게 빠지는 것. 과집중의 대상이 공부나 일이라면 생산적이지만, 게임과 같은 오락이라면 학업이나 업무에 지장이 생긴다.

누가 말을 걸어도 듣는 둥 마는 둥 하거나 건성으로 답하고, 식사하는 것을 잊어버리고, 자기도 모르게 밤을 새우고, 정해진 일정을 빼먹고, 할 일을 내팽개친다.

과집중은 주로 **주의력결핍 과잉행동장애**(ADHD)와 **자폐스펙트럼장애**에서 나타난다. 집중이 오래가지 않아서 문제인 ADHD에서 과집중이 나타난다니 모순처럼 보이겠지만, 집중력을 적절히 분배하는 일에 어려움을 겪는다고 생각하면 이해하기 쉬울 것이다.

할 일 목록을 활용하거나 작업마다 시간을 정해 타이머를 실정하는 등 생활 속에서 실천 가능한 방법으로 대응하는 것이 좋다.

순간적으로 움직임이나 소리를 내고 싶어지는 충동

틱장애

의도하지 않은 움직임이나 소리가 계속해서 나오는 것. '운동 틱'과 '음성 틱'이 있다.

• **운동 틱**: 얼굴 근육 움직이기, 고개 흔들기, 어깨 들썩이기, 손발 움직이기, 눈 깜빡이기, 얼굴 찌푸리기, 고개 끄덕이기와 같은 단순한 움직임부터 박수, 점프, 팔다리 굽혔다 펴기와 같은 복잡한 움직임에 이르기까지.

• **음성 틱**: '악' 하고 소리 지르기, 코 훌쩍이기, 기침하기와 같은 단순한 음성부터 언어적인 의미를 가지는 말을 내뱉는 것에 이르기까지.

　종류와 상관없이 단순한 움직임이나 소리는 '단순 틱', 어느 정도 일관성과 의미를 지닌 것은 '복합 틱'이라고 한다.

　어릴 때 나타나는 경우가 많고 대부분 저절로 낫는다.

　증상이 장기화하면 다른 움직임으로 상쇄하거나 항정신병약을 이용한 치료가 이루어진다. 마음을 다스릴 수 있는 자기만의 방법을 찾는 것도 중요하다.

지속되는 운동 틱과 음성 틱

투렛장애

관련 항목 >  메아리증 | 107   틱장애 | 113

틱장애 대부분은 일시적으로 나타나지만, 간혹 운동 틱과 음성 틱 양쪽 모두 존재하는 증상이 1년 이상 이어지기도 한다. 이를 투렛(뚜렛)장애라고 한다. 틱장애를 공식적으로 보고한 프랑스 의사 조르주 질 드라 투렛의 이름을 따왔다.

투렛장애에서는 더러운 말을 병적으로 자주 하는 '오언증'이나 상대방의 말을 그대로 되풀이하는 '**메아리증**'이 함께 나타나기도 한다.

전체 인구 중 약 0.5%가 속하며 여성보다는 남성에게서 많이 나타난다.

항정신병약이 처방되거나 충동이 생겼을 때 틱 증상에 이르지 않도록 다른 행동으로 신경을 돌리는 인지행동치료 프로그램 '습관 역전 훈련'이 이루어진다.

말더듬

★★☆

마음과 달리 말이 유창하게 나오지 않는 것.

어두음과 바로 다음에 오는 음소를 연결하는 것에 어려움을 겪는 증상으로 "저, 저, 전화"같이 음소나 음절을 반복하기도 하고, "저어언화"같이 자음이나 모음을 길게 소리 내기도 하고, "음… 전화"같이 말이 막히거나 끊기기도 한다.

대부분 유아기에 해당하는 3~4살 무렵 나타나는 발달성 말더듬이며 발화 능력이 발화 욕구를 따라가지 못할 때 발생한다. DSM-5-TR에서는 '아동기 발병 유창성 장애'라고 한다.

원인 대부분이 유전적 요소이며 양육 방식과의 관련성은 낮다.

10명 중 한 명이 경험할 정도로 흔한 증상이고 대체로 자연스럽게 낫는다. 말을 더듬지 않으려고 의식하면 심리적 부하가 커지므로 역효과이며, 혼내거나 놀리면 증상이 악화하거나 장기화할 수 있다.

말을 더듬더라도 주위에서 개의치 않는 환경을 조성하고 천천히 이야기하는 것이 중요하다. 증상이 2~3년 넘게 이어지면 언어치료를 받는 것도 좋다.

읽거나 쓰거나 계산하는 것이 힘든 사람

특정학습장애

관련 항목 ＞ 난산증 | 117 ＞ 난서증 | 118 ＞ 난독증 | 119

지적 발달에는 문제가 없는데도 읽거나 쓰거나 계산하는 것 가운데 일부 영역에 어려움을 느끼는 것.

문장을 읽는 것이 힘들고 심하면 글씨조차 읽을 수 없는 것이 '**난독증**'.

문장을 쓰는 것이 힘들고 심하면 글씨조차 쓸 수 없는 것이 '**난서증**'.

수학적인 추론이 힘들고 심하면 단순한 계산조차 할 수 없는 것이 '**난산증**'이다.

셋 다 치료 약은 없다.

'다른 건 괜찮은데 독해 때문에…' 하는 식으로 한 가지 영역에서 뒤처질 뿐인데 학업 전반에 지장이 생기면 당사자에게는 큰 문제가 될 수 있다. 학업 전반에 대한 흥미를 잃고 뒤처지지 않도록 개개인의 특징과 능력에 맞게 취약 영역을 지원하는 배려가 필요할 것이다.

117

발달장애

★ ★ ★

산수와 수학에 어려움을 겪는 사람

난산증

관련 항목 > **특정학습장애 | 116**

특정학습장애의 일종으로 산수와 수학에 어려움을 겪는 것. '계산장애', '수학학습
장애'라고도 한다. 증상은 아래와 같이 다양하게 나타난다.

숫자나 자릿수를 이해하지 못한다. 우리말 '삼'과 숫자 '3'처럼 수사와 숫자를 연결
짓지 못한다. 간단한 사칙연산도 암산으로 풀지 못한다(수적 사실 장애). 손으로 쓰면
서 계산하지 못한다(계산 절차 장애). 구구단을 외우지 못한다(계산 자동화 장애).

면적, 부피, 무게, 시간, 속도 등 양적인 개념을 포함해 수학적 사고가 힘들다. 문장
형태로 된 문제에서 필요한 수식을 도출해서 계산하는 수학적 추론이 힘들다. 도형
을 이해하는 데 필요한 공간지각능력이 낮다.

이들은 공부 부족과는 관련이 없으며 뇌의 특성으로 인한 문제인 것으로 보인다.
각자의 능력에 맞는 지원이 필요하다.

글씨나 글을 쓰는 것이 힘든 사람

난서증

관련 항목 〉 특정학습장애 | 116 〉

특정학습장애의 일종으로 글씨나 글을 쓰는 데 어려움을 느끼는 것. '쓰기장애', '필기불능'이라고도 한다. 필기도구를 제대로 쥐거나 다루지 못하는 아이가 있는가 하면, 직선을 따라 글씨를 쓰지 못하는 아이도 있고, 자신의 생각을 글로 표현하지 못하는 아이도 있다.

글자를 인식하지 못하거나, 글자를 외우지 못하거나, 글자 모양이 어떻게 구성되는지 이해하고 그대로 쓰는 능력이 부족하거나, 글씨를 쓰는 데 필요한 근육이 발달하지 않았거나, 문법적 이해도가 낮거나, 정리된 문장을 쓰는 능력이 부족한 것 등이 영향을 미친다.

문자를 분해해서 보거나 문자가 만들어진 과정을 들으면 이해도가 높아지기도 한다. 학교에서는 손으로 써서 제출하는 과제를 줄이는 식으로 배려하는 것이 좋다.

글자나 문장을 읽는 것이 힘든 사람

난독증

관련 항목 > **특정학습장애 | 116**

특정학습장애의 일종으로 글자나 문장을 올바르게 읽거나 빨리 읽는 데 어려움을 느끼는 것. '읽기장애'라고도 한다. 어떠한 글자를 봤을 때 머릿속에서 그 글자를 읽는 법이 소리 형태로 떠오르는 디코딩에 문제가 생기기 쉽다. 난독증 때문에 어릴 때부터 글에 흥미를 잃는 경우도 많다.

읽기에 문제가 생기면 쓰기에도 악영향을 주므로 나열된 음절을 조합해 단어를 만드는 등 글자에 익숙해질 수 있는 놀이 활동, 당사자가 좋아하는 그림책 읽어주기, 낭독 연습 등이 이루어진다. 오디오북이나 큰글자책으로 공부할 수 있도록 지원하는 것도 바람직하다.

발달장애

★☆☆

지적발달장애

지능 발달의 장애로 개념적, 사회적, 실용적인 지적 기능과 일상생활에 필요한 적응 기능에 결함이 있는 상태. '지적장애', '정신지체', '정신박약'이라고 불리기도 했다.

어른이 되고 나서 증상이 나타나는 것이 아니라 어릴 때 시작되어 지속적으로 존재하는 장애이며 대부분 18세 이전에 진단을 받는다.

지적 기능은 검사를 거쳐 IQ로 표현된다. IQ가 70 미만이면 경도, 50 미만이면 중등도, 35 미만이면 고도, 20 미만이면 최고도로 분류된다.

완치는 어려우며 개개인의 능력에 맞는 교육을 통해 당사자 나름대로 지적 발달을 이룰 수 있도록 도와야 한다. 일반적인 교육 과정을 억지로 강요하는 것은 부적응을 초래해 문제만 키울 뿐이다.

일상생활에 어려움을 겪는 수준이라면 주위의 도움이 필요하다. 의료뿐만이 아니라 복지 차원의 지원도 중요하다.

일부 영역에서 뛰어난 능력을 보이는 지적장애

서번트 증후군

관련 항목 > **자폐스펙트럼장애 | 102**

지적 기능에 장애가 있으면서 일부 영역에서는 놀랄 만큼 뛰어난 능력을 지닌 사람.
대럴드 트레퍼트는 해당 영역으로 아래와 같은 6가지 분야를 꼽았다.

어려운 수학 문제를 암산으로 순식간에 푸는 계산 능력.

어떤 일에 관해 하나부터 열까지 외우는 기억 능력.

어떤 날짜를 지정하면 요일을 곧바로 대답하는 달력 계산 능력.

한번 본 풍경은 세세한 부분까지 그림으로 옮길 수 있는 미술 능력.

한번 들은 노래는 악기로 그대로 재현할 수 있는 음악 능력.

지도상의 지명, 도로 등을 모조리 기억하는 지도 기억 능력.

모두 **자폐스펙트럼장애**와 관련 있는 것으로 여겨진다.

일부 영역에서 뛰어난 능력을 지니더라도 일상생활이나 사회생활에서 살리기는
어려우므로 지적장애에 대한 사회적인 지원이 필요하다.

몸치

발달성 협응장애

소위 말하는 '몸치'로 운동신경이 매우 나쁜 사람을 가리킨다. 어린아이 중 5~6%가 해당한다고 하며, 어른이 되면 운동을 요구하는 기회가 줄어서 눈에 띄지 않을 뿐 장기적으로 지속된다. 원인은 운동기능장애, 감각기능장애, 인지기능장애 등 여러 가지를 고려할 수 있다.

심각성의 정도도 다양하다. 동아리 활동이나 체육 수업에서 번번이 쓴맛을 보거나 자전거 타는 법을 배우는 데 남들보다 오래 걸리는 수준이 있는가 하면 신발 끈도 묶지 못하고, 평소 물건을 자주 떨어뜨리고, 밥을 먹거나 글씨를 쓰는 것조차 뜻대로 되지 않는 사례도 있다.

치료 약은 없다. 일상생활에 어려움을 겪는 수준이라면 작업치료사나 물리치료사의 지도를 받는 것도 좋다.

휘익

남달리 능력이 뛰어난 아이

기프티드

남달리 능력이 뛰어난 아이를 가리킨다. IQ 130 이상이 기준이며 전체 아동 중 2~3%가 해당하는 것으로 보인다. '영재'라는 단어로 잘 알려져 있다.

남들과 다르다는 사실을 미리 알아보고 적절한 교육을 제공하면 뛰어난 능력을 얻고 그 능력을 활용할 수 있다.

반면 일반 공교육에서는 다른 아이들과 어울리지 못하거나 자신의 수준보다 한참 낮은 교육에 불만을 가지거나 능력을 주체하지 못해 성장 기회를 놓칠 수 있다.

IQ로 표현되는 지적 능력뿐만 아니라 예술이나 스포츠 분야에서도 사용되는 개념인데 이때는 '탤런티드'라고 한다.

8

사춘기

십대에게 나타나는 여러 가지

청소년기 위기

관련 항목 ›  등교 거부 | 292

청소년기(사춘기)는 이차성징을 비롯한 신체적 변화를 맞이하면서 남자 혹은 여자로서 자기 자신을 받아들이는 시기인 동시에 호르몬 변화 등으로 인해 심리적으로 불안정해지기 쉬운 시기다. 게다가 정신적으로는 부모에게서 독립하는 시기지만, 아직 완전한 성인은 아니므로 부모에게 의존하면서 언젠가 다가올 자립을 준비해야 한다는 딜레마를 안고 있다.

에릭 에릭슨은 이러한 청소년기의 과제로 '자아정체성'을 꼽는데, 자아정체성을 자각하는 과정에서는 불량 행위와 같은 부정적인 정체성에 끌리거나 자신의 존재에 관해 고민하는 일이 생기기도 한다. 따라서 등교 거부나 가정 내 불화와 같은 문제를 일으킬 수 있으며 다양한 정신질환이 시작되기 쉽다.

불안과 동요로 가득 차 질풍노도에 비유되는 이 시기 특유의 문제를 '청소년기(사춘기) 위기'라고 한다.

자신에게서 나는 냄새를 지나치게 신경 쓰는 사람

후각관계장애

관련 항목 › **자아 누출 증상 | 128**

겨드랑이 냄새, 배설물 냄새, 입냄새 등 자신에게서 나는 냄새를 지나치게 신경 쓰고, 주위에 피해를 주고 있다고 확신하는 것.

옆에 있던 사람이 자리에서 일어나 다른 곳으로 이동하거나 코 쪽으로 손을 가져가면 자신에게서 나는 냄새 때문이라는 생각에 초조해진다.

자기 안에 있는 것이 밖으로 새어 나오고 있다고 느끼는 **자아 누출 증상**의 일종이다. 실제로 나지 않는 냄새를 느낀다는 점에서는 '환후', 나지 않는 냄새를 난다고 믿는다는 점에서는 '망상장애'에 속한다고 볼 수 있다. 별것 아닌 일을 지나치게 신경 쓰는 불안·강박의 관점에서 보면 자기 냄새에 대한 '공포증'으로 볼 수도 있다.

체취가 강한 유럽인보다 체취가 약한 일본인에게 흔한 증상이라는 점에서 흥미롭다. 항정신병약이나 항우울제 등이 효과를 보이기도 한다.

자신의 냄새, 외모, 시선을 신경 쓰는 십대

사춘기 망상장애

관련 항목 > 강박장애 | 42 ▶ 신체이형장애 | 51 ▶ 사회불안장애 | 58 ▶
후각관계장애 | 125 ▶ 자기 시선 공포증 | 127 ▶
조현병 | 170 ▶ 환각 | 172 ▶ 망상 | 173 ▶

보통 사춘기에 시작하는 망상적인 정신 증상으로 그 양상은 아래 세 가지와 같다.

자신의 악취가 타인에게 피해를 주고 있다고 믿는 **후각관계장애**(후각관계 증후군).
자신의 시선이 타인에게 불쾌감을 주고 있다고 믿는 **자기 시선 공포증**. 자신의 흉
측한 외모가 타인에게 불쾌감을 주고 있다고 믿는 **신체이형장애**(신체추형장애).

이러한 증상이 나타나는 배경은 사람마다 다르다. 다른 사람을 대할 때 눈에 띄게
긴장하는 사람이라면 **사회불안장애**가 원인일 수 있고, 평소 별것 아닌 일을 지나치
게 신경 쓰는 사람이라면 **강박장애**가 원인일 수 있다. 또한 실제로 존재하지 않는
문제를 느끼거나 확신한다는 점에서 **환각**이나 **망상**이라고 볼 수 있으며 **조현병**에
가까운 증상일 가능성도 있다. 따라서 약이나 치료법, 치료 후 경과도 다양하다.

자신의 시선을 걱정하는 것

자기 시선 공포증

관련 항목 ▸ 사회불안장애 | 58 ▸ 사춘기 망상장애 | 126 ▸ 조현병 | 170

자신의 시선이 다른 사람에게 불쾌감을 준다고 확신해 사람들과 엮이지 않으려고 하는 것. **사춘기 망상장애**의 일종으로 다뤄진다.

눈빛이 무섭다거나 눈매가 날카롭다거나 가만히 있어도 째려보는 것 같다거나 하는 식으로 자신의 눈빛이 공격성을 띠는 일을 두려워하기 마련이다. '여자 가슴을 쳐다본다는 오해를 사면 어떡하지', '다른 사람을 유혹하는 것처럼 보이면 어떡하지' 하고 자신의 시선에 성적인 의미가 담길까봐 두려워하는 것은 '색정공포'라고 부르기도 한다.

망상의 의미가 강하면 **조현병**에 가까운 증상으로, 대인 불안의 의미가 강하면 **사회불안장애**에 가까운 증상으로 여겨진다.

시선을 지나치게 신경 쓰다 보면
사람들과 어울리기 힘들어지죠.

사춘기

★★★

자기 안에 있는 무언가가 새어 나오는 느낌

자아 누출 증상

관련 항목 > 신체이형장애 | 51 | 후각관계장애 | 125
사춘기 망상장애 | 126 | 자기 시선 공포증 | 127
사고전파 | 188

자기 안에 있는 무언가가 새어 나온다고 느끼거나 그것을 두려워하는 증상.

후각관계장애, 자기 시선 공포증, 신체이형장애라는 세 가지 **사춘기 망상장애**가 포함되는데 그 밖에도 자신의 잠꼬대가 다른 사람에게 들릴 것을 두려워하기도 하고, 자신의 비밀을 혼잣말처럼 말하는 바람에 다른 사람에게 들킬 것을 두려워하기도 한다. 자신의 속마음이 텔레파시처럼 주위 사람들에게 전파되고 있다고 믿는 **사고전파**도 있다.

자신의 비밀이 남들에게 알려지는 것을 좋아할 사람이 어디 있겠어요.

9

주산기

출산 전후로 나타나는 우울증

주산기 우울증

관련 항목 > **우울증 | 1**

원래 출산 후에 나타나는 **우울증**을 '산후 우울증'이라고 했는데, 임신 중에도 우울증이 나타날 수 있다는 사실이 밝혀지면서 양쪽을 합쳐 '주산기 우울증'이라고 부르게 되었다.

출산 전후에는 호르몬, 영양 상태, 몸 상태를 비롯한 신체 변화에 가족 구성원이 늘어나고 생활 방식이 바뀌는 것과 같은 환경 변화가 더해진다. 게다가 엄마가 된다는 사실을 실감하고 퇴직이나 휴직을 준비하는 등 역할 변화까지 겹치면서 복합적으로 작용한다.

싱글맘이거나 남편이 관심을 기울이지 않는 등 주위의 도움이 부족하면 우울증에 걸리기 쉽다. 초산이거나 계획에 없던 임신이라 극심한 불안감에 사로잡히는 것도 위험 요인이다.

따라서 산전 검사에서도 주산기 우울증에 대한 검진이 이루어지고 있다.

산전
우울증

산후
우울증

머터니티 블루

관련 항목 ＞ 우울 삽화 | 2

출산 후 생리적인 변화로 인해 나타나는 **우울 삽화**로 정신질환과 무관한 일반적인 상태에서도 충분히 일어날 수 있다.

출산으로 인해 호르몬이 급격하게 변화하면서 기분이 가라앉고 눈물이 많아지며 외로움, 절망감, 초조, 불안, 불면, 집중력 저하, 신경과민, 피로, 식욕 감퇴, 두통 등이 생긴다.

꼭 출산 직후에만 생기는 것은 아니며 2~3일이 지난 뒤 증상이 나타나기도 한다. 대부분 2주 내로 호전되지만, 정도가 심하거나 장기화할 것 같으면 정신건강의학과에서 산후 우울증 치료를 받아야 한다.

주변에 최근 출산을 겪은 여성이 있다면 머터니티 블루일 가능성을 염두에 두고 도움의 손길을 내밀어야 할 것이다.

산후
우울증

하아...

머터니티
블루

자식에 대한 애정이 생기지 않아서 고민인 사람

본딩장애

관련 항목 ⟩ 주산기 우울증 | 129 ⟩

부모가 자식에 대해 사랑스럽다거나 지켜주고 싶다고 느끼는 애정과 정서적인 유대감을 '본딩(bonding)'이라고 한다. 특히 어머니의 경우 임신과 출산을 거치면서 이처럼 특별한 감정이 생기는 것이 일반적이다.

하지만 자식에 대해 긍정적인 감정이 생기지 않는 사례도 있다. 예뻐 보이지 않거나 애정이 생기지 않는 것을 넘어서 아이를 볼 때마다 화가 나고 거부감을 느끼는 어머니도 있다.

그런 자기 자신으로 인해 괴로워하고 죄책감을 가지는 것이 본딩장애다. 본딩장애가 있으면 당사자인 부모가 고통스러운 것은 물론이고 아이에게도 악영향을 미칠 수 있다.

스스로 임신을 달가워하지 않는 상황이거나 주위로부터 축복받지 못한 임신이거나 **주산기 우울증**이 있을 경우 본딩장애가 발생하기 쉽다.

출산 후 드물게 생기는 정신병

산후 정신병

관련 항목 〉 환각 | 172   망상 | 173

출산 직후부터 6~8주간, 산모의 몸이 회복되는 시기를 가리키는 산욕기에 분만 1,000건 중 1건꼴로 드물게 발생하는 정신질환. **환각**, **망상**, 정서불안, 착란, 혼미, 혼란, 흥분 등 다양한 증상이 나타난다.

출산 며칠 뒤부터 전조증상이 나타나고 2~3주 뒤에 발병해 상태가 급격히 나빠진다. 발병이 확인되면 곧바로 정신건강의학과에 입원해서 항정신병약으로 치료해야 한다. 그리고 한번 산후 정신병을 겪으면 다음 출산에서도 재발할 확률이 높으므로 주의가 필요하다.

출산 후에는 몸뿐만 아니라 마음도 돌봐야 해요.

자기 자식에게 향하는 부정적인 감정

아기방의 유령

어릴 때 부모에게서 받은 부정적인 감정을 자기 자식에게 대물림하는 것.

아이를 마주할 때 느끼는 감정은 어렸을 때 어머니가 보인 감정의 영향을 받는다. 사랑만 받으며 자랐다면 다행이지만, 분노처럼 부정적인 감정을 받은 경험이 강하면 자기도 모르는 사이 공포, 초조, 혐오감과 같은 감정에 사로잡힌다. 그리고 자신이 받은 학대를 이번에는 자기 자식에게 그대로 답습하게 되는데, 이러한 대물림의 고리를 끊으려면 자신이 아기방에서 본 '유령'이 되지 않도록 경계해야 한다.

과거의 경험이 눈앞에 있는 아이를 대하는 방식에 영향을 미칠지도 모른다는 사실을 알아둬야 해요.

10

신체증상장애

이차성 정신병

관련 항목 〉 조증 삽화 | 11 〉 섬망 | 137 〉 환각 | 172 〉
망상 | 173 〉

정신 증상은 일반적으로 심리적인 요인이나 뇌의 문제로 인해 발생한다. 한편 신체적인 요인에서 비롯되는 정신 증상도 있는데 이를 이차성 정신병이라고 한다.

신체 질환으로 인해 스트레스를 받아서 생기는 것과는 다르다. 이차성 정신병은 '외인성 정신병'의 일종으로 신체 질환이 뇌에 영향을 미쳐서 정신 증상이 생기는 것을 가리킨다.

대표적인 사례로 중태에 빠졌을 때 나타나는 섬망이 있다. 전신 홍반 루푸스(SLE)로 인해 우울 삽화, 환각, 망상, 인지기능 저하 등 여러 가지 증상이 나타나는 신경정신계 루푸스(NPSLE), 간경변의 합병증이자 환각과 인지기능 저하 등이 나타나는 간성혼수, 갑상샘 항진증으로 인한 조증 삽화와 우울 삽화와 불안, 갑상샘 저하증으로 인한 우울 삽화도 이에 해당한다.

자신의 건강 상태를 지나치게 신경 쓰는 것

건강염려증

관련 항목 > 질병불안장애 | 62　신체형 장애 | 143

실제로는 질병 하나 없이 건강하거나 가벼운 이상만 있는데도 상태와 걸맞지 않게 비현실적인 수준으로 신체적인 문제에 매달리는 것. 병원에서 진료와 검사를 받고 아무 이상 없다는 소견을 들어도 받아들이지 못하고 계속 신경 쓴다.

　건강염려증과 완전히 일치하지는 않지만 신체 증상으로 인한 통증을 호소하는 것은 '신체적 호소', 통증이 일어나는 부위와 내용에 대해 일관되지 않은 호소가 지속되는 것은 '비일관적 신체적 호소'라고 한다.

　DSM-5에서는 신체 증상에 대한 과도한 생각은 신체증상장애(신체형 장애), 자신이 병에 걸렸을지도 모른다는 걱정은 질병불안장애라고 정의한다.

건강 상태에 지나치게 얽매여도 삶이 불행해져요.

스트레스로 인한 신체 이상

신체증상장애

★☆☆

정신신체장애

건강 이상, 발병, 질병의 악화 또는 호전에 지속적인 긴장감이나 스트레스 등 그 사람의 심리 상태가 영향을 미치는 것. 이때 건강 이상이나 발병은 단순한 지레짐작이 아니라 실제로 신체 조직, 장기, 기능에 이상이 생긴 것을 가리킨다.

흔히 볼 수 있는 사례로 두통, 위궤양, 과민 대장 증후군, 턱관절증, 아토피 피부염, 두드러기, 고혈압 등이 있다. 우리 몸에 생기는 병은 대부분 크든 작든 정신신체장애로서의 요소를 지니고 있다고도 볼 수 있다.

몸과 마음이 서로 영향을 주고받는다고 보는 것은 '심신상관'이라고 해요.

입원 도중 갑자기 신경인지장애 증상을 보이는 것

섬망

관련 항목 ▶ 정신운동 초조 | 4 ▶ 환각 | 172 ▶ 망상 | 173
지남력장애 | 260

신체 질환, 수술, 약의 영향으로 인해 뇌의 기능에 장애가 발생하는 증상으로 주의력 저하와 의식 혼탁 등이 나타난다. 구체적으로는 시간('지금이 낮인가 밤인가')이나 날짜('오늘이 몇 월 며칠인가')나 장소('여기가 어디인가') 등을 파악하지 못하는 **지남력장애**가 발생한다.

증상은 몇 시간에서 며칠간 나타나며, 갑자기 신경인지장애 환자처럼 변하지만 신경인지장애와 달리 호전될 때는 언제 그랬냐는 듯이 싹 낫는다. 하루 사이에도 증상이 몇 번씩 바뀌며 낮보다 밤에 악화한다.

섬망 중에서도 '저활동형 섬망'은 뇌의 활동이 줄어들면서 멍한 상태를 보이는 데 반해 '과활동형 섬망'은 **환각**, **망상**, 불안, **정신운동 초조**를 동반한다. 의료 현장에서 더 문제가 되는 것은 후자다.

뭐야,
여기 회사 아냐?

넌
누구야?!

138

신체증상장애

통과 증후군

관련 항목 > 섬망 | 137 환각 | 172

교통사고 등으로 인해 머리를 다쳐 뇌가 큰 충격을 받았을 때 일시적으로 나타나는 상태.

증상은 기억상실, **환각**, 기분 저하, 자발성 저하, 과민성, 일탈행위 등 개인의 특성이나 부상 부위에 따라 다양하다.

비슷한 증상으로 **섬망**이 있는데, 섬망은 하루 단위로 상태가 달라지는 데 반해 통과 증후군은 주나 월 단위로 이어진다.

기분 저하와 기억상실은 약물 치료의 효과를 기대하기 힘들지만, 환각과 흥분은 항정신병약으로 진정되기도 한다. 다만 근본적인 치료는 일차적인 원인 자체가 시간이 지나면서 호전되는 것에 달려 있다.

통과 증후군으로 인한 정신 증상은 일시적이며 나을 수 있다. 따라서 당시에는 몰랐다가 증상이 낫고 난 뒤 '그때 그 증상은 통과 증후군이었어'라는 결론을 내리게 될지도 모른다.

약물 부작용으로 인해 다리가 근질거리는 느낌

좌불안석증

관련 항목 > 조울증 | 10 하지불안 증후군 | 151 조현병 | 170

주로 다리가 근질거리고 홧홧해서 가만히 있을 수 없으며, 마음이 불안하고 초조해서 끊임없이 다리를 떨거나 제자리걸음을 하거나 갑자기 자리에서 일어나 주변을 배회하기 시작하는 것. '정좌 불능'이라고도 한다.

비슷한 증상으로 잠자리에 들면 다리가 근질거려서 잠들지 못하는 **하지불안 증후군**이 있다.

좌불안석증은 **조현병**이나 **조울증** 등에 쓰이는 항정신병약으로 인해 발생하기도 한다. 그럴 때는 약을 바꾸거나 용량을 조절하거나 좌불안석증을 억제하는 약을 사용하는 식으로 대처해야 한다.

파킨슨병, 근육긴장이상증, 이상운동증, 그리고 좌불안석증을 묶어서 '추체외로 증상'이라고 한다.

몸이 기우뚱하고 기우는 것

피사 증후군

★★☆

관련 항목 > 조현병 | 170

피사의 사탑처럼 몸이 옆으로 기우는 것.

몸이 늘 한쪽으로 기울어 있으므로 허리나 등에 통증이 생기고 보행장애가 발생하고 보기에도 좋지 않아서 당사자에게 큰 고민거리가 된다.

다계통위축이나 파킨슨병 같은 신경변성질환으로 인해 생기기도 하며, 정신건강의학과보다 뇌신경내과에서 다루는 경우가 많다.

조현병을 다량의 약으로 치료하는 과정에서 발생하기도 한다. 피사 증후군 자체는 정신질환이 아니지만 정신질환을 약물로 치료하는 과정에서 나타날 수 있다는 점에서 정신건강의학과와 아예 무관하다고 볼 수 없다.

이때 피사 증후군은 의지와 상관없이 근육이 비정상적인 형태로 수축하는 근육긴장이상증이 원인이며, 항정신병약을 줄이거나 끊는 방향을 고려해야 한다. 하지만 조현병이라면 약을 끊을 수 없다는 난점이 있다.

아무리 쉬어도 지치는 상태

만성 피로 증후군

별다른 신체 질환이나 정신적 문제가 있는 것도 아닌데 늘 피곤한 상태가 이어진다.

심한 권태감으로 인해 활동에 어려움을 겪고, 조금만 움직여도 금방 피곤해지고, 자도 자도 숙면했다는 느낌이 들지 않고, 수면장애에 시달리고, 인지기능 저하나 기립 조절 장애가 생긴다.

일을 쉬엄쉬엄하지 않으면 활동 자체가 불가능하고 하루 종일 누워 있다시피 해야 하므로 일상생활이나 사회생활에 커다란 지장이 생긴다.

아무리 쉬어도 피로가 가시지 않는다니 생각만 해도 고통스럽네요.

몸 곳곳에서 원인을 알 수 없는 증상이 나타나는 것

신체화장애

관련 항목 ❯ `신체형 장애 | 143` `환각 | 172`

아래와 같은 신체 증상이 이유 없이 나타나는 것. DSM–Ⅳ에서는 **신체형 장애**의 일부로 다루어졌다.

두통, 복통, 등 통증, 관절통, 팔다리 통증, 흉통, 항문 통증, 성교 시 통증, 배뇨 시 통증 등 몸 곳곳에서 나타나는 통증 가운데 4가지 이상 경험.

구토, 복부 팽만, 설사 등 소화기 증상 가운데 2가지 이상 경험.

성욕 저하, 발기장애, 사정 불능, 생리불순 등 생식과 관련된 증상을 경험.

운동장애, 근력저하, 삼킴곤란, **환각**, 마비, 통각 이상, 시각 이상, 청각 이상, 경련, 기억상실 등 유사 신경학적 증상을 경험.

검사와 진찰을 받아도 신체적인 이상은 발견되지 않는다. 다시 말해 별다른 원인이 없는데도 몸 곳곳에서 나타나는 다양한 증상으로 인해 고통받는 것이 신체화장애다.

신체 증상이 장기화하면 정신적으로도 지치기 마련이에요. 이러한 정신적인 문제가 신체 증상에 영향을 미쳤을 가능성도 고려해봐야 해요.

143

신체증상장애

★★★

다양한 원인으로 인한 다양한 신체적 문제

신체형 장애

관련 항목 ＞ 건강염려증 | 135 ｜ 신체화장애 | 142
기능성 신경학적 증상장애 | 144

명확한 신체적 원인이 발견되지 않는데도 신체 증상이 계속해서 나타나는 것.
DSM-Ⅳ까지 쓰이다가 DSM-5에서 '신체증상장애'로 개정되었다.

구토와 복부 팽만을 비롯한 소화기 증상, 현기증, 저림, 권태감, 통증 등 증상의 내용은 다양하다. 증상의 원인도 다양해서 다음 개념들이 신체형 장애에 포함된다.

몸 곳곳에 통증을 비롯한 여러 가지 증상이 나타나는 **신체화장애**.

심리적인 스트레스에 대한 반응으로서 말하지 못하거나 걷지 못하는 신체 증상이 나타나는 **기능성 신경학적 증상장애**(전환장애).

신체적인 원인이 없는데도 고통이 이어지는 통증장애(만성통증).

자신의 건강 상태를 지나치게 신경 쓰는 **건강염려증**.

운동이나 감각을 통해 나타나는 정신 증상

기능성 신경학적 증상장애

관련 항목 〉 해리장애 | 67   이인증 | 68
해리성 기억상실 | 69   해리성 정체성장애 | 70

신경질환을 비롯한 신체 질환으로는 설명할 수 없는 운동이나 감각의 이상으로, 강한 스트레스로 인해 생기는 정신 증상으로 해석되고 있다. '전환장애'라고도 한다.

운동장애로는 똑바로 서지 못하는 '기립 불능', 걷지 못하는 '보행 불능', 말소리를 내지 못하는 '발성 불능', 뇌전증처럼 경련이 일어나는 '심인성 비뇌전증성 발작(PNES)' 등이 있다.

감각장애로는 '온도 감각 상실', '통각 상실', '시각 상실' 등이 있다.

일반적으로는 고통스럽기 마련인 정신 증상이 오히려 스트레스를 줄이고 갈등을 회피하는 데 도움을 주는 '질병 이득', 자신의 증상이나 장애에 무관심한 태도를 보이는 '만족스러운 무관심(la belle indifference)'이 나타나기도 한다.

이인증, **해리성 기억상실**, **해리성 정체성장애** 등과 함께 **해리장애**의 일종으로서 '해리성 운동장애', '해리성 경련', '해리성 무감각'이라고 불리기도 했다.

걸리지도 않은 병을 지어내면서까지 남들의 관심을 받고 싶은 사람

뮌하우젠 증후군

실제로는 아무 이상이 없는 몸에 독이나 균을 주입하고 검사 결과를 날조하면서까지 없는 병을 지어내고 가족과 의료인을 휘두르는 일에 심취하는 것.

돈, 약, 휴직, 보험금 등을 노리고 병을 지어내는 '꾀병'과 달리 타인의 동정과 같은 심리적인 요인이 배경으로 작용한다는 점이 특징이다. DSM-5에서는 '인위성장애'라고 한다.

병명의 유래는 신비로우면서 흥미진진한 이야기로 유명해진 '허풍선이 남작' 뮌하우젠이다.

자기 자신이 아니라 자식을 비롯한 다른 사람의 몸에 문제를 일으키는 식으로 학대를 저지르는 '대리 뮌하우젠 증후군(타인에게 부여된 인위성장애)'도 있다.

치료 약은 없으며 인지행동치료나 심리치료, 즉 대화가 필요하지만 실제로는 당사자 스스로 뮌하우젠 증후군이라는 사실을 인정하게 만드는 것부터 난관이다.

지나치게 많이 들리는 것

청각과민

관련 항목 > **자폐스펙트럼장애 | 102**

난청과 반대로 청각이 지나치게 예민해서 문제가 되는 것.

건강한 사람이라도 칠판 긁는 소리 따위는 거북하게 느끼기 마련인데, 청각과민에서는 다양한 소리가 크게 울리거나 갈라지거나 메아리치므로 불쾌도가 높아질 수밖에 없다.

자신의 목소리가 크게 들리는 '자성강청'도 있지만 청각과민에서 주로 문제가 되는 것은 외부 소리가 크게 들리는 유형이다. 일상적인 소리가 시끄럽게 들려서 불쾌감을 느끼는 '청각혐오'나 공포감을 느끼는 '청각공포증'에 시달릴 수 있다.

자폐스펙트럼장애에서 흔히 나타나며 소량의 항정신병약으로 약해지기도 한다. 불안이나 공포로 인한 청각과민이라면 항우울제로 효과를 볼 수 있다.

원활한 일상생활을 위해 귀마개를 사용하는 방법도 있지만 너무 자주 사용해도 청각과민이 장기화할 수 있으므로 조심해야 한다.

11

수면

자다가 숨이 막히는 것

수면무호흡증

자는 동안 호흡 횟수가 줄거나 호흡이 멈추는 것.

코를 고는 사람에게서 많이 나타나며 '쿨, 쿨, 쿨… 푸핫!' 하는 식으로 중간에 호흡이 이루어지지 않는 시간이 발생한다.

한밤중에 숨을 충분히 쉬지 못하는 상황은 잠든 채로 익사 위험에 처하는 상황과 비슷해서 서구권에서는 '운디네(물의 정령)의 저주'라고도 한다.

아무리 잠을 많이 자도 일어났을 때 개운하지 않고 피로가 가시지 않으며 낮 동안 졸음에 시달린다. 고혈압, 비만 등 신체적인 문제를 초래하기도 한다.

아데노이드 비대나 인두편도 비대와 같은 목 부위 이상에 의해서도 일어날 수 있지만 비만이 원인인 사람이 많다. 음주도 원인이 될 수 있으므로 주의해야 한다.

비만이라면 다이어트를 해야 하고, 술은 줄이는 것이 좋다. 전문 클리닉에서 수면무호흡증 진단을 받았다면 수면 중 호흡을 보조하는 지속적 양압 유지기(CPAP), 이른바 양압기를 사용하는 방법도 있다.

148

수면

★★☆

잠들고 일어나는 시간의 문제

일주기리듬 수면 - 각성장애

생체시계가 어긋나면서 잠드는 시간과 일어나는 시간에 문제가 생기는 것. 다음 몇 가지 패턴이 있다.

밤샘과 늦잠이 되풀이되는 '뒤처진 수면위상형'. 평소보다 훨씬 일찍 자고 훨씬 일찍 일어나는 '앞당겨진 수면위상형'. 밤에 늦게 자면 자연히 늦게 일어나게 되는데 이것이 심해져서 밤낮이 바뀌었다가 나중에 평소 수면 리듬으로 돌아오는 등 수면 위상이 서서히 어긋나는 '비24시간 수면 - 각성형'.

특히 젊은 사람은 뒤처진 수면위상형에서 나타나는 늦잠 때문에 문제가 생기기 쉽다. 밤에는 스마트폰 등의 전자기기 사용을 자제해 눈으로 들어오는 빛을 차단하고, 아침에는 창문을 통해 햇빛이 들어오도록 하면 수면 리듬을 되찾을 수 있다.

또 매일 한 시간씩 기상 시각을 앞당기다가 원하는 시각에 일어날 수 있게 되면 그에 맞춰 취침 시각도 조절하는 시간 치료도 있다.

갑자기 잠드는 병

기면증

관련 항목 >  수면마비 | 150 환각 | 172

각성 상태를 유지하는 물질인 오렉신 결핍이 주요 원인이다. 기면증의 증상으로는 크게 네 가지가 있다.

① 수면발작

갑자기 참기 힘든 졸음에 휩싸여 잠에 빠졌다가 10~20분 뒤 상쾌하게 눈뜨기를 하루에도 몇 번씩 되풀이한다. 회의 중, 식사 중, 외출 중과 같이 남들이 보기에는 도저히 잠들 수 없는 상황에서도 잠에 빠진다.

② 탈력발작

놀라거나 웃는 등 감정 변화가 일어날 때, 말투가 어눌해지고 턱이 빠지면서 입이 벌어지고 고개가 툭 떨어지며 무릎에서 힘이 빠지는 등 갑작스러운 탈력발작이 일어난다.

③ 수면마비

소위 말하는 가위눌림. 잠들거나 일어날 때 몸에 힘이 들어가지 않는다.

④ 입면시 환각, 각성시 환각

잠들거나 일어날 때 환각이 발생한다.

한밤중에 몸이 움직이지 않는 현상

수면마비(가위눌림)

관련 항목 > 환각 | 172

입면시(잠들 때)나 각성시(문득 눈이 떠졌을 때) 몸이 움직이지 않는 것. 보통 16살 무렵 처음 겪는다.

불안과 공포감, 가슴 위에 무언가 올라탄 듯한 느낌, 인기척, **환각**(시각, 청각, 촉각)을 동반한다. 몸은 움직이지 않아도 안구의 움직임과 호흡은 유지되며 몇 초에서 몇 분 사이 자연스럽게 끝난다. 외부 자극을 받거나 억지로 몸을 움직이려고 하면 빨리 끝나기도 한다.

똑바로 위를 보고 잘 때 생기기 쉬우며 육체적 피로, 스트레스, 불규칙한 생활 습관, 수면 부족, 흡연, 음주도 원인으로 작용한다.

자주 발생하면 반복적 수면마비라고 한다.

무서운 이야기의 단골 소재인 가위눌림, 알고 보면 귀신이 아니라 우리 뇌의 오작동 때문일지도?

잠들기 전 다리가 근질거리는 것

하지불안 증후군

다리가 근질거리고 개미가 살갗 위를 기어다니는 듯한 느낌이 들어 자기도 모르게 다리를 움직이게 되는 것. 한밤중 잠자리에 들었을 때 생기는 경우가 많으므로 잠드는 데 애를 먹기 마련이다.

자는 동안 다리가 움찔거리는 '주기성 사지 운동장애'를 동반하는 것도 특징이다. 별다른 원인 없이 40대 이후 체질로서 나타나는 특발성과 신장병, 파킨슨병, 철 결핍, 임신 등으로 인해 나타나는 속발성이 있다.

음주, 흡연, 카페인 섭취로 악화하며 마사지나 운동으로 호전된다.

152

수면

★ ★ ★

클라인-레빈 증후군

하루에 16~20시간씩 자는 시기가 짧으면 열흘, 길면 몇 주간 이어지는 일이 몇 달에 한 번꼴로 꾸준히 나타나는 것. '잠자는 숲속의 공주 증후군' 또는 '주기성 경면증'이라고도 한다.

잠에서 깨어 있을 때도 멍하니 일에 집중하지 못하고, 활동성이 떨어지고, 현실 감각이 사라지고, 비몽사몽인 채로 생활한다. 과다 수면이 이어지는 시기에는 평소보다 과식하는 사람이 있는가 하면 반대로 음식을 거의 먹지 않는 사람도 있다. 성욕이 증가하는 사람도 있다고 한다.

수면 부족이 주된 원인이므로 평소 충분한 수면을 규칙적으로 취하는 것이 좋다. '잠자는 숲속의 공주 증후군'이라고도 불리지만 남성에서 주로 나타난다.

몽유병

수면보행증

잠든 채로 행동하는 것으로 소위 말하는 '몽유병'이다. 깊은 잠에 해당하는 논렘수면(비렘수면) 도중 부분적으로 각성했을 때 발생하는데, 수면 전반부에서 주로 나타나며 눈을 감은 채로 행동한다. 그동안 무슨 일이 있었는지 당사자는 기억하지 못한다. 주변에서 잡고 흔들거나 말을 걸어도 평소처럼 반응하지 않으며 진정시키려고 하면 오히려 흥분할 수 있다.

아동에게서 많이 나타나므로 넘어지거나 떨어지지 않도록 지켜보고 위험한 물건을 치워두는 것이 좋다. 스트레스, 자기 전에 본 자극적인 텔레비전 프로그램, 수면 부족 등이 원인으로 꼽힌다.

154

수면

★★☆

자다가 갑자기 울음을 터뜨리는 아이

야경증

관련 항목 > **수면보행증 | 153**

한밤중 모두가 자고 있을 시간대에 갑자기 눈이 떠지고 강렬한 공포에 휩싸여 울부짖는 것. '수면 중 경악장애'라고도 한다.

뇌 전체가 깊은 논렘수면에 빠진 상태에서 일부분만 각성할 때 발생한다.

같이 자고 있던 가족들은 놀라서 잠에서 깨지만, 정작 당사자는 울부짖고 있어도 잠든 상태이며 다음 날 간밤에 있었던 일을 전해 들어도 기억하지 못한다. **수면보행증**(몽유병)과 밀접하고, 아동에게서 주로 나타나며 유전적 요인이 영향을 미친다.

별다른 처치 없이도 10분 정도 지나면 진정된다. 자극하면 오히려 착란을 일으킬 수 있으니 당황하지 말고 상태를 지켜보는 것이 좋다. 대체로 몇 달에서 1년이 지나면 나으므로 너무 걱정할 필요 없다.

자기 전에는 스마트폰 사용과 게임을 자제하고 자극이 강한 텔레비전 프로그램과 카페인 등을 멀리하는 것이 좋다.

꿈을 꾸면서 돌아다니는 사람

급속안구운동수면 행동장애

관련 항목 〉 수면보행증 | 153   루이소체 신경인지장애 | 252

원래 인간은 렘수면(급속안구운동수면) 동안 근육에 힘이 들어가지 않게 되어 있다. 렘수면은 꿈을 꾸는 수면이고, 꿈을 꾸면서 돌아다니면 위험하기 때문이다.

하지만 그 시스템에 이상이 생기면 꿈을 꾸면서도 근육을 움직일 수 있게 된다. 그 결과 꿈을 꾸면서 돌아다니는 것이 급속안구운동수면 행동장애다. 그동안 눈은 뜨고 있는 경우가 많다.

이 증상이 있으면 걸어 다니다가 넘어지기도 하고 무서운 꿈을 꾸다가 다른 사람을 공격하기도 한다. 따라서 밟고 넘어질 만한 물건을 미리 치우고, 바깥으로 떨어지는 일이 없도록 창문을 잠가두는 등 혹시 모를 사고에 대비해야 한다.

비슷한 증상으로 **수면보행증**(몽유병)이 있는데, 수면보행증은 아동에게서 주로 나타나는 데 반해 급속안구운동수면 행동장애는 노년층에서 주로 나타난다. 급속안구운동수면 행동장애는 파킨슨병이나 **루이소체 신경인지장애**로 발전할 수 있으므로 주의해야 한다.

찹쌀떡이다
냠냠…
중얼중얼

무서운 꿈에 시달리는 것

악몽장애

불쾌하고 생생한 꿈이 반복해서 나타나고, 그로 인해 고통을 느끼거나 일상생활에 지장을 받는 것. 아동에게서 많이 발생하지만 어느 나이대든 겪을 수 있다. 악몽 때문에 자다가 깨고 악몽을 꿀까봐 두려워 잠드는 것을 피하므로 수면 부족에 걸리기 쉽다. 문제는 이러한 수면 부족이 악몽장애의 원인이 된다는 사실이다.

악몽을 줄이려면 어린아이의 경우 부모가 옆에서 같이 자면서 안심할 수 있는 수면 환경을 조성하는 것이 좋다. 항우울제가 악몽을 가라앉히기도 한다. 악몽의 내용이 정해져 있다면, 악몽의 내용을 세세하게 글로 써보고 그 내용을 재구성해서 희망적인 결말로 바꾼 다음 새롭게 바꾼 내용을 머릿속에 그리며 잠자리에 드는 이미지 리허설 치료도 효과적이다.

악몽도 계속되면 장애라고 불릴 만큼 괴로운 것이었군요.

157

수면

★ ★ ★

잠든 채로 과식하는 것

수면 관련 섭식장애

관련 항목 > **수면보행증 | 153**

잠든 상태, 혹은 잠에서 덜 깬 상태에서 과도하게 먹고 마시는 것. 당사자는 과식한 사실을 기억하지 못하며, 기억이 남아 있더라도 어렴풋하고 모호하다. 먹는 꿈을 꾸는 것도 아니고, 심지어 꿈을 꾸지 않는 논렘수면에서 나타나는 상태라는 점에서 수 **면보행증**(몽유병)에 가깝다고 할 수 있다.

아침에 일어났을 때 배가 부르고 식욕이 생기지 않는 날이 많아 비만, 당뇨병, 고지질혈증 등이 우려된다. 해동되지 않은 냉동식품이나 세제 등 이상한 것을 먹을 위험성도 있다. 항우울제가 효과를 보이기도 하지만 수면 부족 문제를 해결하고 생활 리듬을 개선하는 것이 중요하다.

> 잠들어 있는 동안에는 자기 몸을 제어하기 힘들다 보니 큰일이 벌어질 수 있어요.

12

성

일반적인 기준을 벗어난 성적 기호

변태성욕장애

관련 항목 〉  물품음란장애 | 159   소아성애장애 | 161

성적 기호란 무엇을 성적인 대상으로 여기는가에 관한 문제이며, 성적 도착은 성적 기호가 일반적인 기준과 동떨어진 것을 가리킨다. 이러한 성적 기호로 고통을 겪거나 문제를 일으키는 사람은 변태성욕장애(파라필리아)로서 정신건강의학과 진료 대상이 될 수 있다.

타인의 나체를 엿보거나 도촬하는 '관음장애', 성기를 다른 사람에게 보여주는 '노출장애', 치한 행위를 저지르는 '마찰도착장애', 이성이 주로 입는다고 여겨지는 옷을 입고 성적으로 흥분하는 '복장도착장애', 고통을 주거나 받는 일에서 성적으로 흥분하는 '성적가학장애 및 성적피학장애', 강간에서 성적으로 흥분하는 '성도착적 강제장애', 어린아이를 성적 대상으로 삼는 '**소아성애장애**(페도필리아)', 성교와 무관한 물건이나 신체 부위에 흥분을 느끼는 '**물품음란장애**(페티시즘)' 등이 있다.

과거 변태성욕장애는 '생식으로 이어지지 않는 행위'를 가리켰으나 최근에는 다른 사람에게 해를 입히는 요소를 포함하는 개념으로 자리 잡고 있다.

성교와 무관한 물건이나 신체 부위에 대한 성적 흥분

물품음란장애

이른바 '페티시즘'이라고 불리는 것. 성적 도착의 일종이며 속옷이나 신발과 같은 '물건'에서 성적인 흥분을 느끼는 것이 핵심이다. 고무, 가죽, 천 등의 소재에 흥분하는 사람도 있다.

넓은 의미로는 다리, 발, 머리카락 등 성교와 직접적인 연관이 없는 신체 부위에 흥분하는 '신체부분기호증'도 포함하며 흥분 대상에 관한 물건을 수집하는 사람도 많다. 이러한 행동 자체는 정신질환이 아니지만, 자신이 저지른 행동에 괴로워하거나 부적절한 곳에서 자위행위를 하거나 속옷 절도와 같은 문제를 일으키면 정신건강의학과 진료 대상이 될 수 있다. 다만 치료 약이 있는 것은 아니며, 성적 도착 분야에 일가견이 있는 의료인을 찾기는 하늘의 별 따기다.

성

★★☆

여장이나 남장으로 인해 어려움을 겪는 것

복장도착

남자가 여성의 옷을, 여자가 남성의 옷을 입는 것. 남자의 경우 집에서 남몰래 여성용 속옷을 입는 선에서 그치는 사람이 있는가 하면 브래지어, 스타킹, 치마, 가발, 하이힐에 화장까지 하고 외출하는 사람도 있다.

복장도착은 반대 성별의 옷을 입는 일에서 성적인 흥분을 느끼는 것부터 신체적으로 부여된 성별과 스스로 인정하는 성별이 다른 젠더 불쾌감까지 모두 포함한다. '복장도착적 물품음란증'이라고 하면 전자를 가리키며 반대 성별의 옷을 입은 채 자위에 이르는 사람도 많다고 한다.

이러한 여장이나 남장으로 인해 스스로 고민하거나 생활에 어려움을 겪는 것을 '복장도착장애'라고 한다.

남자의 경우 여장에 쓸 옷을 샀다가 보관이나 착용 문제로 고민한 끝에 버리는 식으로 획득과 배제를 되풀이하는 행동 양식이 발견되기도 한다.

161

성

★★★

페도필리아

소아성애장애

관련 항목 ▶ 　동물성애증 | 162 ▶ 　시체성애증 | 163 ▶

아동에 대해 성적인 욕구와 흥분을 느끼는 비정상적 성적 기호의 일종. 이러한 성적 기호로 인해 고통이나 문제가 생기면 소아성애장애로서 정신건강의학과 진료 대상이 될 수 있다. 실제로 가정 내 성폭력, 아동에 대한 성적 가해, 당사자의 체포 등으로 이어질 수 있다.

성적 대상이 성인에서 아이로 이동하거나 확대된 것은 '비배타적 유형', 처음부터 아동에게만 성적 흥분을 느낀 것은 '배타적 유형'이라고 한다.

원래 소아성애 기질을 갖고 있던 사람이 아동 포르노 등을 계기로 강렬한 욕구에 지배되어 실제 아동에게 성범죄를 저지르고 체포되면서 성적 기호가 수면 위로 드러나고 삶이 망가지는 과정은 차마 눈 뜨고 볼 수 없는 참상이다. 성적인 욕구 자체를 치료할 수는 없으며 가해 행위를 막는 것이 중요하다. 자신이 아동에게서 흥분을 느낀다는 사실을 자각하고 있다면 아동과 관련된 직업을 멀리함으로써 아동과 자기 자신을 보호해야 한다.

동물성애증, 시체성애증, 소아성애장애, 이 세 가지를 가리켜 성적 흥분의 대상이 일반적이지 않다는 점에서 성소수자의 일부로 보고 사회에서 그 존재를 받아들여야 한다고 주장하는 사람도 있다. 하지만 세 가지 모두 일반적인 가치관으로 받아들이기 힘든 금기이므로 LGBT와 동일 선상에 놓아서는 안 된다는 비판도 있어, 앞으로 사회에서 어떻게 취급할지는 논의가 더 필요할 것으로 보인다.

성

동물성애증

동물에 대해 성적인 욕구와 흥분을 느끼는 것으로 '주필리아'라고도 한다. 남녀 모두에게 나타나며 성적 대상은 개를 비롯한 반려동물부터 양, 당나귀, 말 등 가축에 이르기까지 다양하다.

실제로 동물과 성행위를 하는 '수간'은 동물보호 관점에서 보면 동물 학대에 해당한다는 지적도 있다. 한편 동물에 대해 성적인 매력을 느끼거나 수간을 상상하는 선에서 그치는 비폭력적인 동물성애자도 있다.

시체에 대해 성적인 욕구를 느끼는 것

시체성애증

시체에 대해 성적인 흥분을 느끼는 것으로 '네크로필리아'라고도 한다. 실제로 시체와 성행위를 하는 것은 '시간(屍姦)'이라고 한다. 물고기, 개구리, 새, 벌레 등에서 관찰되는 사체에 대한 성적 행동과 달리 인간의 시체성애증은 상대방의 죽음을 명확하게 의식하고 있다는 점에서 비정상적인 성격을 띤다. 거절당할 우려가 없고 저항하지 않는 성적 상대방을 원한 결과이거나, 시체 그 자체에 성적인 욕구를 느끼거나, 상대방을 죽음에 이르게 하는 과정에서 흥분하는 등 시체성애증에 다다르는 과정은 다양하다.

　살인을 저지르는 사람부터 시체가 있으면 시간을 시도하는 사람, 시간을 상상만 하는 사람까지 정도는 제각기 다르다. 시체에만 성적 흥미가 있는 '배타적 시체성애증'과 시체에 대한 성적 흥미는 일시적이고 평소에는 살아 있는 인간에게 성적 흥미를 느끼는 '비배타적 시체성애증'이 있다.

13

섭식장애

섭식장애

★☆☆

살찌는 것을 두려워해 식사를 거부하는 사람

신경성 식욕부진증

관련 항목 〉 **신체상 왜곡 | 165**

대표적인 섭식장애로 '거식증'이라고도 한다.

마른 체형에 대한 열망, 체중 증가나 비만에 대한 공포, 실제로는 마른 체형인데도 그 사실을 인식하지 못하고 자신이 살쪘다고 생각하는 **신체상 왜곡** 등의 정신 증상으로 인해 식사를 충분히 섭취하지 않아 살이 현저하게 빠진다.

그 결과 월경이 멈추고 간이나 신장 등 여러 장기에 문제가 생긴다. 근력이 떨어지고 몸을 움직이지 못하게 되어 아사하는 사람도 있다.

어느 정도 날씬해지면 만족하는 일반적인 다이어트와 달리 마르면 마를수록 말라야 한다는 강박에서 빠져나오지 못한다는 점에서 병리적인 성격을 띤다.

DSM-5에서 '신경성 식욕부진증'이라고 정의하지만 식욕이 없는 것은 아니고 오히려 식사를 향한 관심은 남들보다 큰 경우가 많다.

실제로 종종 충동에 휩싸여 과식하는 사람도 있다.

실제로는 말랐는데도 자신이 뚱뚱하다고 여기는 신경성 식욕부진증

신체상 왜곡

관련 항목 〉 **신경성 식욕부진증 | 164**

'신체상'이란 자기 몸에 대한 인식을 가리킨다. 신체상 왜곡은 **신경성 식욕부진증**인 사람이 자신의 몸무게나 체형에 대해 왜곡된 인식을 가지는 것이다.

　누가 봐도 말랐는데도 그 사실을 인식하지 못하거나, 전체적으로 마른 체형인데도 허벅지나 팔뚝 등 신체 일부를 놓고 "하지만 여기는 통통하니까"라며 신경 쓴다. 주변 사람이 걱정할 정도로 말랐는데도 스스로 살이 쪘다고 확신하기도 한다.

　지나치게 야위어서 몸을 움직이지도 못하고 침대에 누워 지내면서도 "나도 이상하다는 건 알지만 나 자신이 씨름 선수처럼 보인다"라고 말하는 사례도 있다. 타인의 체형을 파악하는 데는 문제가 없지만 자신의 체형에 관해서는 적절하게 파악하는 능력을 상실한 것이다.

충동에 휩싸여 과식하는 것

폭식증

관련 항목 > 신경성 식욕부진증 | 164

폭식, 즉 지나치게 많은 음식을 한꺼번에 먹는 것.

DSM-5-TR에는 폭식하고 나서 체중 증가를 두려워해 구토나 관장 등 배출 행위를 유도하는 '신경성 폭식증'과 폭식을 되풀이하지만 배출 행위 유도는 동반하지 않는 '폭식장애' 두 가지가 실려 있다. 폭식은 과도하게 마른 체형에 집착하는 **신경성 식욕부진증**에서도 흔히 나타난다.

식사에 대한 갈망이 너무 높아진 나머지 적절한 행동을 결정하는 기능이 약해져 타성이나 악습에 따라 충동적으로 행동하는 것이 주된 원인이다. 음식을 보자마자 정신없이 달려들어 속이 더부룩해질 때까지 허겁지겁 먹어 치우고, 다 먹고 나면 폭식한 사실을 부끄럽게 느껴 침울해지고 자책감에 빠지는 것이 전형적인 양상이다.

항우울제로 폭식 횟수는 어느 정도 줄일 수 있으나 효과는 제한적이다. 생활 리듬을 개선한 다음 물질사용장애와 비슷한 접근법으로 치료해야 한다.

음식이 아닌 물질을 먹는 것

이식증

관련 항목 ▶ 털뽑기장애 | 96 ▶ 라푼젤 증후군 | 97 ▶ 지적발달장애 | 120 ▶ 빙식증 | 169 ▶ 조현병 | 170 ▶ 망상 | 173

음식이 아닌 물질을 계속해서 먹는 것.

아동, **지적발달장애**, 신경인지장애인 사람이 음식과 음식이 아닌 것을 분간하지 못해서 먹기도 하고 **조현병**인 사람이 **망상**에 따라 먹기도 하는 등 여러 가지 이유가 있다. 대상은 철사부터 고무장갑, 비닐, 휴지, 동전, 자석, 건전지, 담배, 배설물에 이르기까지 다양하다.

흙이나 점토를 먹는 토식증, 세탁 풀이나 옥수수 전분을 먹는 전분식증, **털뽑기장애**(발모광)인 사람이 자기 머리카락을 뽑아서 먹는 트리코파지아(식모벽), 철분이 부족지면서 얼음이 당기는 **빙식증**도 있다. 독성 물질은 중독을, 더러운 물질은 감염증을 일으킬 수 있다. 소화되지 않은 물질이 장을 막아 장폐색을 일으키면 수술을 받아야 한다.

건전지

흙

얼음

휴지

168

섭식장애

★ ★ ★

건강한 음식에 대한 병적인 집착

건강식 집착증

음식의 질, 위생, 영양 등을 지나치게 신경 쓰고 자신이 건강하다고 생각하는 식사에 집착하는 것. 방부제, 착색료, 향료, 잔류농약, 가공식품, 지방, 설탕, 소금 등 거슬리는 물질이라면 일반적으로 허용되는 양이라도 과도하게 두려워하고 피한다. 음식이 어떤 과정을 거쳐 손에 들어왔는지, 어떻게 조리되었는지, 어떤 영양소가 들어있는지 신경 쓰고 일일이 조사하느라 시간과 돈을 쏟아붓다 보니 일상생활에 지장이 생긴다.

건강을 추구한다는 이유로 영양 면에서 편중된 식사를 유지하다가 오히려 영양부족에 빠지기도 한다. 섭식장애의 일종이기는 하나 DSM-5에 실릴 만큼 잘 알려진 정신장애는 아니고 최근 전문가 사이에서 연구가 진행되고 있다.

얼음을 와작와작 씹어 먹는 사람

빙식증

관련 항목 〉 이식증 | 167 〉

틈만 나면 얼음을 씹어 먹는 증상으로 **이식증**의 일종이다. 얼음뿐만 아니라 아이스크림처럼 차가운 음식을 먹는 사람도 있지만 이때도 목적은 달콤한 맛이 아니라 차가움이다. 단단한 얼음을 깨물어 먹다 보니 치아가 닳고 깨지거나 턱관절에 문제가 생기기도 한다.

철결핍빈혈이 주된 원인이지만, 빈혈 없이 철 결핍만으로도 일어날 수 있다. 철 수치가 낮으면 입안이 뜨겁게 느껴지기도 하는데 이러한 화끈감(작열감)을 가라앉히기 위해 얼음을 먹는 것이다. 철 결핍으로 인해 식욕조절중추, 체온조절중추, 미각중추에 이상이 생겼을 가능성도 있고 입안 점막이나 맛봉오리(음식의 맛을 느끼는 기관)에 이상이 생겼을 가능성도 있다. 월경, 임신, 수유, 위나 작은창자의 이상으로 인한 철 흡수장애, 식사를 통한 철 섭취 부족 등도 원인이 될 수 있다. 약이나 영양제나 식사를 통해 철을 섭취하는 방법으로 치료한다.

14

조현병

환청과 망상이 나타나는 질환

조현병

관련 항목 > 양성 증상과 음성 증상 | 171 　 환각 | 172
망상 | 173 　 연상의 이완 | 174
긴장증 | 175 　 감정둔마 | 181

대표적인 정신질환. 주요 증상으로는 존재하지 않는 것이 보이거나 들리는 '**환각**'과 사실과 다르며 정정되지 못한 확신에 사로잡히는 '**망상**'이 있다.

　그 밖에도 감정 변화가 사라지는 '**감정둔마**', 사고의 빈곤을 비롯한 '**음성 증상**', 생각과 이야기가 정리되지 않는 '**연상의 이완**', 말문이 막히거나 몸이 갑자기 굳는 '**긴장증**'이 발생하기도 한다. 중간뇌와 둘레계통을 연결하는 경로(뇌의 중뇌변연계)에서 도파민이 과잉 활성화되면서 환각과 망상이 일어나는 것으로 보인다. 일시적인 증상이 아니라서 한번 나타나면 만성화하며, 도파민을 차단하는 항정신병약으로 어느 정도 효과를 볼 수 있다. 다만 약을 끊으면 무조건 재발하고 재발이 반복될 때마다 병세가 나빠지므로 약물 치료를 꾸준히 유지하는 것이 무엇보다 중요하다.

음성 증상　　　양성 증상　　　정리되지 않는다

조현병의 두 가지 증상

양성 증상과 음성 증상

관련 항목 ▶ 조현병 | 170 환각 | 172 망상 | 173
감정둔마 | 181

조현병에는 다양한 증상이 뒤따르는데 주로 양성 증상과 음성 증상으로 분류된다.

양성 증상에는 환각과 망상이 있다. 건강하다면 없어야 할 것이 나타나는 증상이라고 생각하면 된다. 중간뇌와 둘레계통을 연결하는 경로에서 도파민이 과잉 활성화되면서 나타난다고 여겨지며, 약으로 도파민을 차단하는 방식으로 치료한다.

음성 증상에는 감정둔마, 무기력, 사회성 결여 등이 있다. 건강하다면 있기 마련인 것이 사라지는 증상이라고 생각하면 된다. 눈에 띄는 증상은 아니지만 사회생활과 대인관계에 영향을 미친다. 음성 증상은 약의 효과를 기대하기는 힘들고 병원이나 주간보호시설 등에서 진행하는 사회 재활 프로그램이 필요하다.

최근에는 주의력과 기억력 저하, 실행 기능 저하 등으로 대표되는 인지기능장애가 세 번째 증상으로 꼽히기도 한다.

존재하지 않는 것이 보이거나 들리거나

환각

관련 항목 > 섬망 | 137 기면증 | 149 조현병 | 170 망상 | 173 루이소체 신경인지장애 | 252

대상이 없는 지각. 즉 아무것도 없는데 보이고, 아무 소리도 나지 않는데 들리는 것이다.

다섯 가지 감각(시각, 청각, 촉각, 미각, 후각) 각각에 대해 환시, 환청, 환촉, 환미, 환후가 존재한다.

외부 자극이 없는데 몸에서 무언가 느껴지는 체감각환각이라는 것도 있다.

환각, 그중에서도 환청은 **망상**과 함께 **조현병**의 양대 증상 중 하나다.

루이소체 신경인지장애를 앓고 있는 경우 환각 중에서도 생생한 환시가 자주 보인다.

갑자기 잠에 빠지는 **기면증**의 경우 잠들 때 환각을 동반하는 일이 잦다.

신체 질환으로 인한 의식장애인 **섬망**에서도 환각이 일어나는 등 환각은 다양한 병으로 인해 생길 수 있다.

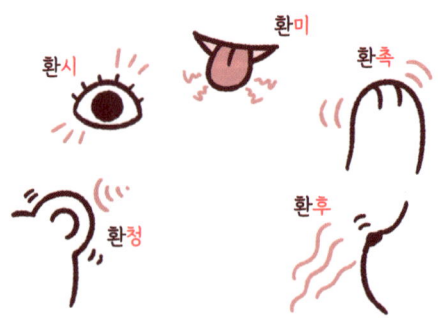

사실과 다른 내용에 대한 확신

망상

관련 항목 ▸ 조현병 | 170 ▸ 관계망상 | 184 ▸ 관찰망상 | 185 ▸ 피해망상 | 186

사실과 다른 내용을 확신하는 것. 남들이 자신을 빤히 쳐다본다고 생각하는 **관찰망상**, 주변에서 일어나는 일마다 자신과 관련이 있다고 생각하는 **관계망상**, 누군가 자신에게 해를 입히고 있다고 생각하는 **피해망상** 등 다양한 양상을 보인다.

'하늘을 날 수 있다면' 하고 실현 불가능한 일을 머릿속에 그리는 것은 '공상'이며 망상과는 다르다. 공상은 스스로 '하는' 것이고 망상은 자기도 모르는 사이 '빠지는' 것이다.

망상과 마찬가지로 내용 면에서는 사실과 다르지만, 확신까지는 아니고 사실과 다르다는 것을 알면서 자기도 모르는 사이 그렇게 생각하는 수준일 경우 '염려'라고 한다.

조현병에서 흔히 나타난다. 그 밖에도 중증 기분장애나 신경인지장애 등 여러 원인이 있다. 망상은 주변 사람이 설득한다고 해서 바로잡을 수 있는 것이 아니다.

연상의 이완

관련 항목 >  조현병 | 170   양성 증상과 음성 증상 | 171

조현병의 증상 중 하나. 사고하는 과정에서 어떤 생각과 다음 생각 사이에 의미의 연결성이 약해지고, 목적을 향해 생각을 나아가게 하는 힘과 이야기의 일관성을 유지하는 힘이 떨어져서 서로 아무 관련이 없는 단어와 문장이 이어지는 것. 심해지면 '지리멸렬'이라고 한다.

연상의 이완이 발생하면 질문에 답하려고 이것저것 이야기하는 사이 점점 논점에서 벗어나기도 하고, 듣는 사람이 도저히 이해할 수 없는 말을 늘어놓기도 한다. 예를 들자면 "빨간 구름이 헤엄치는 바다에 있는 수도꼭지에서 시곗바늘이 콧노래를 부르는 토끼의 양쪽 귀 중 어느 쪽인가요?" 하는 식이다. 이는 '생각이 정리되지 않는 상태'라고 할 수 있다.

조현병을 앓는 사람이 환각이나 망상의 영향으로 비상식적인 일을 저지르는 것은 사고 내용의 문제로, 사고 형식의 문제인 연상의 이완과는 다르며 '생각이 정리되지 않는 상태'라고 할 수 없다.

연상의 이완은 조현병의 **양성 증상** 중 하나로 다뤄지기도 하나 실제로는 다른 문제다.

다양한 양상을 포괄하는 독특한 증상

긴장증

관련 항목 ▶ 정신운동 초조 | 4 · 메아리증 | 107 · 조현병 | 170

이름은 '긴장증'이지만 사람들 앞에서 긴장하는 병은 아니다. 다음과 같이 특징적인 증상 중 여러 가지가 동시에 나타나는 상태를 가리킨다.

말과 움직임이 없어지는 '혼미'.

일정한 자세를 오랫동안 유지하는 '강경증'.

누가 팔다리를 구부리거나 펴는 대로 그 자세를 유지하는 '납굴증'.

줄곧 말하지 않는 '함구증'.

다른 사람의 요구와 부탁을 이유 없이 거부하는 '거부증'.

비정상적인 자세를 유지하는 '자세 유지'.

일반적인 행동을 기묘하고 과장되고 작위적으로 수행하는 '매너리즘'.

같은 동작을 의미 없이 반복하는 '상동증'.

격렬한 흥분 상태가 비정상적으로 나타나는 '**정신운동 초조**'.

이유 없이 얼굴을 찌푸리고 있는 '찡그림'.

다른 사람의 말을 그대로 따라 하는 '**메아리증**(반향어)'.

다른 사람의 행동을 그대로 따라 하는 '반향동작'.

과거에는 **조현병**의 하위 유형으로 다루어졌지만 사실 기분장애를 비롯한 정신질환, 대사성 질환, 내분비질환, 자가면역질환, 뇌염 등으로 인한 증상이다.

어쩐지 나쁜 일이 생길 것 같은 예감

망상기분

관련 항목 >  조현병 | 170 세계 몰락 체험 | 193

아무런 계기도 없는데 평소와 무언가 다른 느낌이 든다느니 주변이 어수선하다느니 하는 생각에 사로잡히고 지금부터 나쁜 일이 일어날지도 모른다는 불길한 기분과 위화감을 느끼는 것.

망상이기는 하나 그 내용이 막연하고 구체적인 계기 없이 발생하므로 발생 기전을 심리적인 배경으로 해석할 수 없는 일차적 망상의 일종으로 여겨진다.

주로 **조현병**에서 나타나는 증상이며 망상기분이 극에 달하면 '**세계 몰락 체험**'이 된다.

무슨 일이 일어날지도 모른다는 불길한 예감도 지나치면 병일지 몰라요.

177

조현병

★☆☆

슈나이더의 1급 증상

관련 항목 > 조현병 | 170 망상지각 | 182 사고전파 | 188
사고반향 | 189 사고주입 | 190 사고탈취 | 191
작위체험 | 192

조현병이 의심되는 여러 가지 증상을 가리킨다.

자신의 생각이 환청으로 들리는 '**사고반향**'(사고화체험). 말을 거는 환청과 답하는 환청 간에 대화가 성립하는 '대화성 환청'. 자신의 행동에 간섭하는 환청이 들리는 '비평성 환청'. 자신의 몸이 조종당하고 있다거나 전자파 같은 외적인 힘으로 인해 신체적인 영향을 받고 있다고 느끼는 '신체적 피동 체험'. 자신의 생각이 빼앗긴다거나 조종한다고 느끼는 '**사고탈취**'. 자신의 생각이 다른 사람에게 전해진다고 느끼는 '**사고전파**'. 보고 들은 것에 이상한 의미를 부여하는 '**망상지각**'. 자신의 감정, 의욕, 생각이 조종당하고 있다고 느끼는 '**작위체험**'.

조현병을 앓는다고 해서 이러한 증상을 무조건 경험하는 것은 아니다. 다만 조현병 하면 가장 먼저 떠오르는 증상인 만큼 슈나이더의 1급 증상이 나타나면 조현병일 가능성이 높아진다고 볼 수 있다.

조현병에 관해 처음으로 제시된 정의

블로일러의 4A 증상

관련 항목 〉 조현병 | 170 　 망상 | 173 　 연상의 이완 | 174
감정둔마 | 181 　 양가감정 | 287

조현병이라는 개념을 처음으로 제시한 스위스의 정신과 전문의 블로일러가 조현병의 근본적인 증상 네 가지를 정의한 것.

연상의 이완(loosening of Association): 사고와 사고 간의 연결성이 약해져 생각이 정리되지 않는 것.

정동장애(disturbances of Affect): **감정둔마** 또는 감정 민감성.

자폐(Autism): 주변 사람과 관계를 끊고 자기만의 세계에 틀어박히는 것.

양가감정(Ambivalence): 한 가지 대상에 대해 상반된 내용의 감정과 평가가 공존하는 것.

블로일러는 조현병이란 위와 같은 네 가지 A를 기본으로 한다고 주장했으며, 특히 연상의 이완과 자폐를 중시해 이에 대한 부차적인 증상으로 환청과 **망상**이 나타난다고 생각했다.

조현병 증상이 얼마나 폭넓은지
알 수 있는 개념이랍니다.

179

조현병

조현병인 사람이 그 사실을 인정하지 않는 것

질병인식불능증

관련 항목 > 조현병 | 170 망상 | 173

자신이 병에 걸렸다는 사실을 인지하지 못하거나 인정하지 않는 질병인식불능증은 **조현병**에서 특히 문제가 되며, 치료 시작과 지속을 방해해 질병의 재발을 초래한다.

질병인식불능증은 다양한 양상을 포함하는데 환청 등 자신에게 나타나는 증상을 아무렇지 않게 생각하는 사람이 있는가 하면, 증상이 나타나는데도 자신이 환자라는 사실을 부정하는 사람이 있고, 병에 걸렸다 하더라도 치료는 필요 없다며 치료를 거부하는 사람도 있다.

이는 '이상한 것은 다른 사람이지 나는 정상'이라는 **망상** 때문일 수도 있고, 자신에 관한 부정적인 일을 부인하려는 심리 때문일 수도 있다. 그리고 조현병에서는 사고의 유연성을 관장하는 뇌의 이마엽(전두엽) 기능에 이상이 생기는 경우가 많은데, 이에 따라 자기 자신에 대한 인식을 '건강한 사람'에서 '환자'로 고치지 못해서 발생하는 질병인식불능증도 있다.

자아의식의 네 가지 손상

자아장애

관련 항목 › 이인증 | 68   해리성 기억상실 | 69
해리성 정체성장애 | 70   사고전파 | 188
사고주입 | 190   작위체험 | 192

정신질환으로 인해 자아의식에 이상이 생기는 것.

독일의 정신과 전문의 카를 야스퍼스는 자아의식의 특성으로 '단일성, 동일성, 능동성, 한계성' 네 가지를 꼽는다. 먼저 '단일성'에 이상이 생기면 두 개의 자아가 동시에 존재하는 '도플갱어'를 체험한다. 또 보통은 과거에서 현재에 이르기까지 동일한 자아가 연속적으로 존재한다고 느끼지만, '동일성'에 이상이 생기면 여러 인격이 번갈아가며 나타나는 '**해리성 정체성장애**'나 기억이 중간에 끊기는 '**해리성 기억상실**'이 발생한다.

자신이 하는 생각이나 행동을 두고 '내가 ○○하고 있다'라고 실감하는 '능동성'에 이상이 생기면 자신의 존재나 행동에서 현실감이 사라지는 '**이인증**'이나 다른 사람에게 조종당하고 있다고 느끼는 '**작위체험**'이 발생할 수 있다. 한편 자기 자신과 다른 사람, 자기 자신과 외부 세계 사이에 경계선을 긋는 '한계성'에 이상이 생기면 자신이 한 생각이 다른 사람에게 전달되고 있다고 느끼는 '**사고전파**'나 다른 사람의 생각이 자신의 머릿속에 주입되고 있다고 느끼는 '**사고주입**' 등이 발생할 수 있다.

조현병에서 나타나는 감정 표현 감소

감정둔마

관련 항목 ❯ 　조현병 | 170 ❯ 　양성 증상과 음성 증상 | 171 ❯

조현병에서 주로 문제가 되는 것은 환각과 망상이지만, 종종 **음성 증상**이 발생하기도 하며 음성 증상 중 하나로 감정둔마를 꼽을 수 있다. 감정둔마는 상황에 맞는 감정 표출이 줄어드는 것을 가리키는데 이는 표정, 목소리의 억양, 몸짓, 행동 등으로 나타난다. 증상이 가벼우면 '감정의 둔화', 심하면 '감정의 평탄화'라고 한다.

　내면에서 발생하는 감정이 줄어든다고 생각하기 쉽지만, 사실 발생하는 감정 자체는 그대로고 겉으로 드러내 보이는 표출이 줄어든 결과다. 여성보다 남성에서 자주 나타난다.

　감정 표출 기능에 문제가 생기면 행복도가 낮아질 뿐만 아니라 의사소통도 힘들어진다. 음성 증상은 기본적으로 약물 치료의 효과를 기대하기 힘들고 주간보호시설 등에서 진행하는 사회 재활 프로그램이 필요하다.

실제로 보고 들은 것에서 비롯되는 망상

망상지각

관련 항목 ➤  조현병 | 170 　망상 | 173
슈나이더의 1급 증상 | 177

자신이 지각한 것, 즉 보고 들은 것에 이상한 의미를 부여하는 **망상**.

어떤 '내용'으로 망상하느냐가 아니라 어떤 과정을 거쳐 그 망상에 다다르느냐 하는 '형식'에 관한 개념이다.

예를 들어 큰돈을 갖고 있을 때 누군가 칼을 들고 이쪽을 쳐본다면 '나를 노리는 건가?'라고 생각하는 것도 충분히 이해할 수 있다.

하지만 주요 인사도 부자도 아닌 사람이 그저 주스를 마시는 행인을 보고 '저 사람은 나를 노리는 게 분명해'라고 생각하는 것은 이해하기 힘들다.

이처럼 우연히 보고 들은 것을 자기 자신과 연결 짓는 내용이 밑바탕에 깔려 있으면서 어떤 과정을 거쳐 그 망상에 다다랐는지 이해할 수 없는, **조현병**에서 특징적으로 나타나는 일차적 망상의 일종이 망상지각이다.

독일의 정신의학자 **슈나이더**는 정상적으로 수행한 '지각' 행위에 비정상적으로 수행한 '해석' 행위가 더해진다고 보고, 정상성과 이상성이 합쳐진 '이분절성'을 지적했다.

183

조현병

불현듯 떠오르는 망상

망상착상

관련 항목 > **망상 | 173** **망상지각 | 182**

아무런 근거도 없이 갑자기 **망상**, 즉 사실과 다른 확신에 사로잡히는 것.

어떤 '내용'으로 망상하느냐가 아니라 어떤 과정을 거쳐 그 망상에 다다르느냐 하는 '형식'에 관한 개념이다.

"그래! 나는 사실 신이었어!"

"맞아, 나에게는 숨겨진 힘이 있었지!"

"누군가 지금 내 목숨을 노리고 있어."

이처럼 문득 떠오르는 내용은 가지각색이다.

지각에 기반하는 '**망상지각**'과 갑자기 떠오르는 '망상착상'을 비교했을 때, 독일의 정신의학자 슈나이더에 따르면 망상지각은 이분절성을 띠는 데 반해 망상착상은 단순히 어떠한 생각이 떠오르는 '일분절성'만 존재한다.

망상착상은 '그냥 ○○이라는 생각이 들었다'만 존재하는 것이 특징이며, 왜 그러한 망상에 다다랐는지 이해할 수 없는 일차적 망상의 일종이다.

모든 일을 자신과 관련짓는 망상

관계망상

관련 항목 > **조현병 | 170** **망상 | 173** **피해망상 | 186**

자신과 관계없는 일상적인 사건이나 다른 사람의 말과 행동까지 자신과 연관되어 있다고 생각하고 관련짓는 **망상**.

예를 들어 멀리서 사람들이 대화하는 모습을 보고 자신에 대해 이야기한다고 확신하고, 웃는 얼굴인 사람을 보면 비웃음을 당하고 있다는 생각에 불쾌해하고, 유튜브 영상을 보다가 그 내용이 업로더가 자신에게 보내는 메시지라는 생각에 사로잡히는 식이다.

사실과 다르다는 것을 알면서도 신경 쓰이는 것은 '관계염려'이며 '확신'에 빠지는 관계망상과는 다르다.

조현병에서 흔히 나타나며 종종 **피해망상**과 결합한다.

남들이 자신을 보고 있다고 생각하는 망상

관찰망상

관찰 항목 〉  조현병 | 170 ▶ 망상 | 173 ▶ 관계망상 | 184 ▶
피해망상 | 186 ▶

주변 사람들이 자신을 주목·관찰·감시한다고 확신하는 것.

'길거리는 물론이고 집 안에서도 누군가가 나를 보고 있다'라고 생각하거나 '외출할 때마다 사람들이 이상한 눈으로 흘끗거린다'라고 생각하거나 '어딘가에 망을 보는 사람이 있어서 계속 감시당하고 있다'라고 생각한다.

사실과 다르다는 것을 알면서도 다른 사람의 시선이 느껴지는 듯해 신경 쓰이는 것은 '관찰염려'이며 남들이 자신을 보고 있다고 '확신'하는 관찰망상과는 다르다.

관찰망상은 **조현병**에서 흔히 나타난다.

주변 사람이나 일을 자신과 연관시키는 **관계망상**, 주변으로부터 피해를 보고 있다고 확신하는 **피해망상**과도 관련이 있다.

비슷한 개념으로 '관찰당하는 느낌'이 있는데 어디선가 다른 사람이 지켜보고 있는 듯한 느낌을 가리킨다.

누군가가 자신을 노리고 있다고 생각하는 망상

피해망상

관련 항목 〉 조현병 | 170   망상 | 173   관계망상 | 184
관찰망상 | 185

실제로는 아무 일도 당하지 않았으면서 누군가가 자신을 위협하고 있다거나 노리고 있다고 확신하는 것.

구체적인 예로는 '누가 나에게 전파를 쏴서 몸이 찌릿찌릿하다', '오토바이가 일부러 큰 소리를 내면서 우리 집 앞을 지나다닌다', '외출할 때마다 이쪽을 흘끗거리면서 나를 노리는 사람이 있다', '멀리서 나를 보며 웃는 사람이 있다' 등이 있다.

'이쪽을 흘끗거리면서 나를 노리는 사람'은 **관찰망상**이기도 하고 '멀리서 나를 보며 웃는 사람'은 **관계망상**이기도 하다. 이처럼 피해망상은 관찰망상이나 관계망상과 엮일 때가 많다. **조현병**에서 흔히 나타나는 증상이다.

막연히 그런 느낌이 드는 것이 '염려'라면, '**망상**'은 정정할 수 없는 확신이다. 실제로 피해를 본 적은 없지만 그럴지도 모른다는 생각만으로도 고통받는 것이 피해망상이다.

누군가가 음식에 독을 탔다고 생각하는 망상

독살망상

관련 항목 ▶ 조현병 | 170 ▶ 망상 | 173 ▶ 피해망상 | 186

피해망상의 일종이자 자신이 독으로 공격당하고 있다고 확신하는 것.

누군가가 자신에게 독약을 주사했다느니, 식사에 독을 탔다느니, 약과 독약을 바꿔치기했다느니, 약에 독을 섞었다느니, 독가스를 살포했다느니 확신하는 내용은 다양하다. 망상의 소재로는 독극물이 많지만 넓은 의미에서는 세균, 바이러스, 질식을 초래하는 물질 등도 포함된다.

독이 들었다는 환청을 듣고 확신하는 사람, 환후(존재하지 않는 냄새를 느끼는 환각)를 통해 확신하는 사람, 실제 맛이나 냄새로 확신하는 사람, 몸에서 느껴지는 위화감으로 확신하는 사람, 다른 사람의 행동을 보고 확신하는 사람 등 망상에 이르는 과정도 다양하다.

주로 **조현병**에서 볼 수 있으며, 독살망상에 사로잡혀 꼭 필요한 약을 먹지 않거나 독을 탔다고 생각하는 사람을 공격하거나 식사를 거부하는 것과 같은 문제를 일으키기도 한다.

실제 피해와 관계없이 피해를 보고 있다는 생각만으로도 힘들어질 수 있어요.

자기 생각이 다른 사람에게 전해지고 있다고 확신하는 망상

사고전파

관련 항목 〉 조현병 | 170   슈나이더의 1급 증상 | 177

머릿속에 든 생각이 새어나가고 있어 자신이 무엇을 생각하는지 모든 사람이 알고 있다고 확신하는 것. '사고유출', '사고 투명 체험'이라고도 한다.

누구나 살면서 한 번쯤은 자기 생각이 다른 사람에게 전해지고 있는 것은 아닌지 의심해본 적이 있지 않을까. 하지만 사고전파는 그러한 '의심' 수준이 아니라 전해지고 있다고 '확신'하는 것이다.

전해지고 있다는 확신이 직감처럼 떠오르는 경우가 있는가 하면, 생각하고 있던 것에 대한 환청이 들려서 확신하는 경우도 있고, '저 사람이 갑자기 딸기 이야기를 꺼낸 것은 내가 딸기를 먹고 싶다고 생각한 것을 읽었기 때문'이라는 식으로 주변 사람의 말이나 주변에서 일어나는 일을 자기 생각과 결부해서 확신하는 경우도 있다. 주로 조현병에서 나타난다.

자기 생각이 들리는 환청

사고반향

관련 항목 > **슈나이더의 1급 증상 | 177**

조현병에서는 환청이 발생하는데, '사고반향'이란 자신이 생각하는 내용이 소리가 되어 들려오는 환청이다. '사고화 체험'이라고도 한다.

이러한 소리는 머릿속에서 울리는 사례가 있는가 하면 외부에서 들리는 사례도 있다. 건강한 사람도 생각(내언어)을 머릿속에서 음독하듯이 의식할 때가 있지만 사고반향은 다르다.

생각 자체에 대해서는 '내 생각이다'라는 소속감을 느끼지만, 목소리의 주인은 자기 자신이 아닌 다른 사람이라고 생각하며 스스로 목소리를 제어하지 못한다. 흔히 볼 수 있는 증상은 아니나 조현병의 특징으로 손꼽히는 '**슈나이더의 1급 증상**' 중 하나다.

생각이 시각적인 환각, 즉 환시로 보이는 '사고의 시각화'도 있다.

조현병

★ ☆ ☆

다른 사람의 생각이 머릿속으로 들어온다고 느끼는 것

사고주입

관련 항목 › **슈나이더의 1급 증상 | 177** **자아장애 | 180**
사고탈취 | 191 **작위체험 | 192**

'누군가의 생각이 내 머릿속에 주입되고 있다'와 같이 남의 생각이 자신의 내부로 침입해서 자기 생각이 되었다고 느끼는 것.

자신의 내부에서 발생한 것이 분명한 생각에 대한 소속감 부족이 원인이면서 자기와 타자의 경계가 모호하게 느껴지는 체험이라는 점에서 **자아장애**의 일종이라고도 할 수 있다. 자신이 하는 생각이 조작되었다고 느끼기도 하고, 다른 사람이 생각하는 것을 자신도 생각해야 한다고 느끼기도 한다.

조현병의 특징으로 손꼽히는 '**슈나이더의 1급 증상**'에 속하는 정신적인 **작위체험** 중 하나다.

생각을 빼앗겼다고 느끼는 **사고탈취**와 반대되는 체험이다.

생각을 빼앗기고 있다고 느끼는 것

사고탈취

관련 항목 ❯ 조현병 | 170 망상 | 173
슈나이더의 1급 증상 | 177   자아장애 | 180
사고전파 | 188   사고주입 | 190

자기 생각을 다른 사람에게 빼앗겼다고 느끼는 것. '사고철회'라고도 한다. 자기 생각이 다른 사람에게 전해진다고 확신하는 **사고전파**와 달리 생각하고 있던 것이 자신의 머릿속에서 사라지는 느낌을 받는다.

조현병에서는 생각이 중간에 뚝 끊기는 '사고두절'이 발생하기도 하는데, 이때 '뭔가 생각하고 있었는데… 그래, 누가 내 생각을 빼앗아 갔기 때문이야' 하는 **망상**에 이르는 사람도 있다. 자기와 타자의 경계가 모호하게 느껴지는 **자아장애**의 일종이라고 할 수 있다. 조현병의 특징으로 손꼽히는 '**슈나이더의 1급 증상**' 중 하나이기도 하다. 다른 사람의 생각이 머릿속에 주입되었다고 느끼는 **사고주입**과 반대되는 체험이다.

192

조현병

★ ☆ ☆

자신이 조종당하고 있다고 생각하는 망상

작위체험

관련 항목 >  | 177

누군가가 자신의 행동이나 생각을 조종하거나 방해하고 있다고 확신하는 것. '통제 망상'이라고도 한다.

그럴듯한 말에 속거나 그 자리의 분위기에 휩쓸리는 것과 다르며 환청에 따라 행동하는 것도 아니다. '누군가가 쏜 전파에 의해 조종당하고 있다', '신적인 존재가 나를 조종하고 있다'같이 망상의 성격을 띠는 것을 가리킨다.

일반적으로 자신이 한 말과 행동에 대해서는 '내가 하고 있다'라는 능동성을 가지기 마련인데, 이러한 자아의 능동성이 흔들리면 타인에 의해 강요당했다는 생각에 빠질 수 있다.

조현병의 특징으로 손꼽히는 '**슈나이더의 1급 증상**' 중 하나이기도 하다.

193

조현병

★ ★ ★

세계 몰락 체험

관련 항목 ›  조현병 | 170 망상 | 173 망상기분 | 176

망상의 일종이다. 주변에서 볼 수 있는 여러 가지 요소들이 불길하고 의미심장하게 느껴지며, 이러한 불안감이 점차 강해진 끝에 머지않아 무시무시한 재앙이나 재해가 닥쳐와 세계가 멸망할지도 모른다는 강렬한 불안과 공포와 절망감을 동반하는 망상이다.

조현병, 망상을 동반하는 우울증, 정신 증상을 동반하는 뇌전증 등에서 나타날 수 있다.

심상치 않은 일이 벌어질지도 모른다고 느끼는 **망상기분**이 강해진 것이라는 해석도 있다.

텔레비전 속 연예인과 사귀는 사이라고 생각하는 것

색정망상(드 클레랑보 증후군)

관련 항목 >  망상장애 | 211

'피애망상', '연애망상', '에로토마니아'라고도 불린다. DSM-5-TR에서는 **망상장애** 중 '색정형'으로 분류된다.

권력자 또는 유명인과 연인 관계라거나, 권력자 또는 유명인이 자신을 사랑하고 있다는 등 실제와 다른 확신을 가지는 것이다. 색정망상은 다음과 같은 세 단계를 거친다.

우선 망상의 대상과 언젠가 이어질 것이라는 '희망 단계'에서 시작한다. 이후 주변에서 말도 안 되는 소리라며 부정당하고, 상대방과 만날 수조차 없다는 현실을 마주하고, 상황에 따라 상대방이 나서서 애정을 부정하고 거리를 두면서 분노에 휩싸이는 '원한 단계'로 나아간다.

결국 조바심에 빠진 나머지 자신을 방해하는 존재나 한때는 애정의 대상이었던 사람에 대해 복수를 계획하는 '증오 단계'에 다다른다. 연예인이 얽힌 사건사고의 배경에는 이 색정망상이 자리하고 있을지도 모른다.

사랑에 대한 집착이 망상으로 이어지면 무시무시한 일이 벌어진답니다.

악마나 여우에 씌는 체험

빙의망상

관련 항목 >  조현병 | 170 망상 | 173 작위체험 | 192

자신에게 무언가가 빙의되었다고 확신하는 것. 망상의 대상은 신, 부처, 귀신, 악마, 정령, 유령, 생령, 여우, 너구리, 개, 고양이, 뱀, 용 등 여러 가지가 있으며 무엇이 빙의하느냐에 따라 '악마 빙의', '짐승 빙의', '여우 빙의'라고 불리기도 한다.

자신이 빙의되었다고 생각하는 이유는 다양하다. 주변의 사물을 빙의와 연관 지어서 생각하는 **망상**, 목소리가 들리는 환청, 빙의되었다고 생각하는 존재를 보는 환시, 보이거나 들리지 않는데도 그 존재를 확신하는 실체 의식성, 빙의된 존재로 인해 자신이 의도하지 않은 말과 행동을 하게 되었다고 생각하는 빙의 상태, **작위체험** 등이 있다.

주요 원인으로는 **조현병**이 있으며 암시에 의한 해리도 영향을 미칠 수 있다. 기도의 대상인 신처럼 말하고 행동하는 상태는 '기도성 정신병'이라고 하며 빙의망상이 나타나기 쉽다.

조현병

★ ★ ★

자신이 불이익을 당했다는 생각에 사로잡혀 분노하는 사람

명예회복망상

관련 항목 >  조현병 | 170 환각 | 172 망상장애 | 211

자신이 부당한 처사를 당했다거나 피해를 봤다는 생각에 사로잡혀 다른 사람의 인정을 끊임없이 원하는 것. 자신이 당했다고 생각하는 피해로부터 도망치기보다 분노하고 맞서 싸우려고 하는 것이 특징이다.

  실제로 있었던 이웃과의 다툼, 업무상 갈등, 손해를 본 경험이 방아쇠로 작용하는 경우가 많으며, 다른 사람의 인정을 집요하게 요구하다 못해 폭력까지 불사하는 등 사회적인 문제를 일으키기 쉽다.

  '소송망상'도 비슷한 개념이다. 둘 다 과거 '편집증(파라노이아)'이라고 불리던 정신 증상의 일종이다. 오늘날 정신의학을 기준으로 살펴볼 때 환청을 비롯한 **환각**을 동반하면 **조현병**, 환각 등 다른 증상이 없으면 **망상장애**라는 진단을 받을 것이다.

197

보이지 않는 벌레가 자신의 몸을 기어다닌다고 확신하는 것

조현병

★★☆

기생충감염망상(엑봄 증후군)

관련 항목 >  건강염려증 | 135 ▶ 신체형 장애 | 143 ▶ 망상 | 173 ▶

실제로는 존재하지 않는 벌레가 자신의 피부에 기생한다고 확신하는 것. 관련 논문을 처음으로 발표한 스웨덴 뇌신경학자의 이름을 따서 '엑봄 증후군'이라고 부르기도 한다. 초로기와 노년기에 주로 나타난다.

벌레가 자신의 피부밑을 기어다닌다고 느끼기도 하고 벌레에게 물렸다거나 쏘였다고 느끼기도 한다. 벌레나 알을 봤다고 주장하는 사람도 있다.

피부 각질이나 옷에서 나온 먼지 등을 조그만 상자에 넣어 진찰을 받으러 다니는 '성냥갑 징후'가 나타나기도 하며, 여러 피부과에서 기생충이 아니라는 대답을 듣고 나서야 정신건강의학과 진료를 받기 마련이다.

존재하지 않는 감각을 느끼는 환촉이나 체감각환각이라는 해석도 있고, 본 적 없는 벌레의 존재를 확신하는 **망상**이라는 해석도 있고, 신체적인 문제에 지나치게 몰두하는 **건강염려증**이나 **신체형 장애**라는 해석도 있는 등 베일에 싸인 증상이다.

꿈도 희망도 없다고 생각하는 것

무력망상

관련 항목 >  망상 | 173 관계망상 | 184

타인의 이목을 신경 쓰고, 불안과 의혹 속에서 흔들리면서 자기 자신을 비하하고 내부로 틀어박히는 **망상**으로 증상이 비교적 가볍고 체계성이 낮다.

무력망상의 대척점에 있는 것이 확신으로 가득 차 있으면서 외벌적이고 투쟁적이며 체계적인 망상인 '강력성 편집증'이다. 강력성 편집증은 책임을 남에게 전가하고 투쟁적인 데 비해 무력망상은 자신에게 문제가 있다고 생각해 갈등을 피하려고 한다. 무엇을 하든 실패할 것 같은 막연한 미래에 대한 불안감, 사람들에게서 거부당하고 버림받을지도 모른다는 초조함을 안고 주위에서 벌어지는 일마다 자신과 연결 짓는 **관계망상**이 주를 이룬다.

강력성과 무력성을 동시에 가지는 관계망상

민감성 관계망상

관련 항목 >  | 184

독일의 정신의학자 크레치머가 처음 발표한 증상이다.

우선 '민감한 성격'에 대해 살펴보자면, 남들보다 예민하며 이상이 높고 체면을 중시하는 사람은 어떠한 부정적인 일을 겪었을 때 수치심과 굴욕감과 죄책감을 느낀다. 외부 요인 대신 자신을 탓하고 상처 입기 쉬운 소심한 면모로 인해 상담이나 대화를 통해 발산하는 힘이 부족해 비관적인 감정을 오랫동안 끌어안고 있다가 피폐해지기 십상이다.

이처럼 '민감한 성격'인 사람이 굴욕적인 경험이나 윤리적 좌절 체험으로 인해 내적 긴장감이 높아져 주위에서 벌어지는 일과 자신을 연결 짓는 **관계망상**에 빠지는 것이 '민감성 관계망상'이다. 강력성의 요소인 자존심과 윤리관, 무력성의 요소인 취약성과 무능감을 동시에 가지는 증상이라는 해석이 지배적이다.

동물의 목소리가 들리는 체험

두리틀 현상

관련 항목 > 조현병 | 170   망상 | 173

동물에게서 인간의 목소리와 같은 환청이 들리는 것. 동물과 대화할 수 있는 두리틀 박사가 주인공인 아동문학 시리즈에서 유래한 명칭이다.

'개가 위험한 일을 미리 알려줬다', '참새가 똑똑 소리를 내며 그만하라는 의사를 표현하고 있다', '고양이 두 마리가 나에 대해 이야기하고 있다', '비둘기가 나에게 사랑을 속삭이고 있다', '부엉이가 돌아가라고 명령했다'같이 내용은 다양하다.

환청을 듣고 '나는 동물의 말을 이해하는 특별한 힘을 지녔다'라고 해석하는 사람도 있는데, 그러한 경우 **망상** 내용에도 동물이 관여하는 일이 많다. 두리틀 현상의 증례보고는 그리 많지 않지만, 환청 자체는 **조현병**에서 흔히 나타나는 증상이므로 비슷한 맥락으로 볼 수 있을 것이다. 대부분 약물 치료가 필요하다.

꿈틀거리는 벌레 등이 보이는 환시

작은 동물 환시

관련 항목 >  알코올 금단 | 85 섬망 | 137 환각 | 172

쥐를 비롯한 작은 동물, 거미나 날벌레, 조그만 사람, 먼지, 재, 글자 등이 바닥, 벽, 천장, 하늘, 침대, 자기 몸 위에서 꿈틀거리는 광경이 보이는 것.

원인으로는 **섬망**, 신경인지장애 등이 있는데 대표적인 것이 **알코올 금단**으로 인한 **환각**이다. 전형적인 예시로는 매일같이 과음하던 사람이 골절로 입원해서 이틀 정도 금주하자 잔뜩 흥분한 상태로 병실 벽을 가리키며 벌레가 있다고 소동을 피우는 것을 들 수 있다.

알코올 금단증상 중에는 환각이 나타나지 않을 때도 양쪽 눈꺼풀 위에 손을 얹고 지금부터 벌레가 보일 것이라고 암시를 걸면 그대로 환각이 보이는 '리프만 현상'도 있다고 한다.

잇따라 샘솟는 생각

자생사고

관련 항목 〉  사고주입 | 190   작위체험 | 192

가만히 있어도 생각이 잇따라 솟아나는 것. '자생관념'이라고도 한다.

무언가 마음에 걸리는 일이 있어서 관련된 생각이 떠오르는 것이 아니라 아무런 관심도 없는 주제에 관한 내용이 맥락도 없이 쉬지 않고 샘솟는 것이다. 스스로 제어할 수 없으며, 달리 집중해야 하는 일이 있거나 아무 생각 없이 지내고 싶어도 계속해서 떠오르는 생각 때문에 머리가 복잡해지기 십상이다.

'내 생각이다'라고 느끼는 소속감은 있으나 자신의 의사에 따라 생각했다고 여기는 실행의식과 주체감은 희박하다. 자생사고가 망상적인 해석에 이르면 다른 사람의 생각이 머릿속에 심어졌다고 확신하는 **사고주입**, 생각이나 행동 등을 조종당하고 있다고 느끼는 **작위체험**으로 발전할 수 있다.

조현병 환자를 마주한 의사가 느끼는 위화감

프레콕스감

관련 항목 >  조현병 | 170   양성 증상과 음성 증상 | 171

정신건강의학과 의사가 **조현병** 환자를 진찰할 때 느끼는 위화감을 가리킨다. 오래되고 다소 모호한 개념이다. 환청과 망상을 비롯한 **양성 증상**에 좌우되어 한눈에 보기에도 기묘한 상태가 아니라 오히려 **음성 증상**에 관한 이야기다. 음성 증상이 강하게 나타나면 타인과 공감을 주고받는 능력이 손상되어 의사가 공감을 표현하더라도 가슴에 와닿지 않는다고 느낀다. 이때 의사는 조현병 환자의 표정, 목소리, 몸짓, 행동 등을 통해 직감적으로 '이 사람의 마음에 다가갈 수 없을 것 같다'라고 느끼는데 이러한 이질감이 프레콕스감이다.

프레콕스감은 어디까지나 의사 개인의 주관에 달린 문제이며, '정신과 의사인 내가 그렇게 느꼈으니까 이 사람은 조현병' 하는 식으로 자의적인 진단을 초래할 수 있다는 점이 지적되어 오늘날에는 쓰이지 않는 개념이다.

조현병 초기에 느끼는 이유 없는 긴장감

트레마

관련 항목 > 조현병 | 170 > 망상 | 173 > 망상기분 | 176

트레마(trema)는 **조현병**인 사람이 구체적인 **망상**을 경험하기 전에 거치는 상태로, 주변으로부터 압박감을 느끼는 긴장 상태를 가리킨다. 독일의 정신의학자 콘라드가 제창한 개념이다. 배우가 무대에 서기 전에 느끼는, 불안과 기대가 뒤섞인 긴장감을 일컫는 울렁증에서 유래한다.

아직 구체적인 망상은 형성되지 않았으나 바로 이전 단계에 해당하며, 지금부터 무언가 큰일이 벌어질지도 모른다는 생각에 눈여겨봐야 하는 것은 물론이고 눈여겨보지 않아도 되는 것까지 주목하게 된다.

불안감, 공포감, 죄책감 등이 생겨나고 아무 관련 없는 일 사이에 연결성이 있는 것처럼 느껴지며 우연한 일조차 우연이 아니라는 생각이 든다. 무언가 불길한 일이 벌어질지도 모른다는 예감에 사로잡히는 **망상기분**과 가깝다고 할 수 있다.

조현병 환자의 망상으로 가득 찬 세계

아포파니

관련 항목 〉 조현병 | 170   망상지각 | 182   세계 몰락 체험 | 193   트레마 | 204

아포파니(apophany)의 어원은 '드러나다'라는 의미의 그리스어로 우리나라 말로 풀어 쓰면 '의미 부여 체험'이다. 독일의 정신의학자 콘라트가 제창한 개념이며 **조현병**은 전구기(어떤 병이 본격적으로 시작되기 직전, 미리 나타나는 이상 신호들이 보이는 시기-옮긴이)인 **트레마** 단계를 거쳐 아포파니 단계로 나아간다.

보고 들은 것에 수수께끼 같은 의미가 숨어 있다는 생각에서 시작해, 그 의미가 자신을 향한 것이라는 확신을 거쳐, 보고 들은 것에서 특별한 의미를 끌어내는 **망상지각**에 이른다.

그리고 지동설과 반대되는 천동설을 주장한 프톨레마이오스의 이름에서 유래했으며 세상이 자신을 중심으로 돌아간다고 생각하는 '프톨레마이오스적 전환', 세상의 모든 일을 자신과 연결 짓는 자기중심적 체험, 신이 되었다고 확신하는 망상, **세계 몰락 체험** 등이 나타나는 명백한 망상 상태에 다다른다. 이러한 상태가 극에 달하면 체험이 단편화되어 의미만이 난무하는 '아포칼립스'가 된다.

모든 것이 나를 향하고

나와 연관된 세계

존재하지 않는 말을 만들어서 쓰는 것

신어조작증

★★☆

관련 항목 ＞ 조현병 | 170

어디에도 존재하지 않는 단어를 만들어서 쓰는 것. '조어증'이라고도 한다. 실어증인 사람이 실수로 다른 단어를 사용하는 것을 가리키기도 하지만, 신어조작증이라고 하면 주로 **조현병**에서 발생하는 증상을 일컫는다. 아예 존재하지 않는 말을 새로 만들어내기도 하고, 망상에 사로잡혀 원래 존재하는 단어를 다른 의미로 사용하기도 하며, 자신도 무슨 의미인지 모르는 단어를 환청에서 들은 대로 사용하기도 한다.

글씨를 쓸 때 나타나는 신어조작증은 '문자형 신어조작증'이라고 한다.

조현병에 따르는 사고장애로 인해 개념 파악이 힘들어지거나 연합장애로 인해 생각과 생각을 연결하지 못하게 되면서 발생하는 증상이다.

> 평범한 대화에 이상한 단어가 몇 개 섞이는 수준부터 아예 이해할 수 없는 문장을 늘어놓는 수준까지 다양하답니다.

당연함이 사라지는 것

자명성 상실

관련 항목 > 조현병 | 170

평소라면 이야깃거리도 되지 않을 만큼 당연한 일이 당연하지 않게 되거나, 당연하다고 여기던 일에 의문이 생기면서 망연자실한 상태에 빠지는 것.

당연한 일에 관해서는 질문을 받아도 "그냥 그렇잖아"라는 대답밖에 할 수 없다. 하지만 지금까지 당연하게 해내던 생활이 당연하지 않게 되면 매 순간 하나하나 고민하면서 행동해야 하는 어려움에 빠진다.

심각한 증상은 조현병에서 주로 나타나는데 자신을 둘러싼 모든 일이 무엇 하나 당연하지 않게 되면서 세계가 수수께끼로 뒤덮인 것처럼 느껴진다.

가벼운 증상은 건강한 사람도 종종 경험한다. 제대로 쓴 글씨를 두고 '어라? 이 글자가 원래 이런 모양이었나?' 하고 흠칫 놀라는 일 정도는 다들 한 번쯤 겪어봤을 것이다.

일상적으로 느끼던 '당연함'이 사라지면
난감하고 불안해지기 마련이에요.

망상을 가진 채 현실 세계를 살아가는 것

이중 지남력

관련 항목 > 조현병 | 170   망상 | 173

망상 증상을 보이는 **조현병** 환자에게서 나타날 수 있는 상태. 자기만의 세계에서는 망상이 존재하는 병적인 의식을 가지는 한편 다른 사람과 부대끼는 일상적인 세계에서는 비교적 적절한 의식을 가져서, 필요에 따라 양쪽을 오고 가며 생활한다.

머릿속으로는 자신이 이 세상의 왕이라는 망상에 사로잡혀 있지만, 입원 중인 병동에서는 한 사람의 환자로서 지내는 생활을 받아들이는 상황을 예로 들 수 있다.

조현병 중에서도 급성기가 아니라, 망상이 나타나기는 하지만 어느 정도 진정된 만성기 환자에게서 흔히 나타난다.

망상이 남아 있는 것 자체는 아쉽지만, 안정된 일상생활에 적응하기 위해 스스로 치유하려고 노력하는 과정에서 나타나는 현상이라고 할 수 있다.

209

조현병

★ ★ ★

안테페스툼과 포스트페스툼

관련 항목 > 미소망상 | 6 ▶ 조증 삽화 | 11 ▶ 조현병 | 170 ▶
망상 | 173 ▶

안테페스툼(ante festum)과 포스트페스툼(post festum)은 정신질환의 시간관을 표현하는 용어다.

주로 **조현병** 중에서도 급성기 **망상** 상태에서 일어나며 '지금부터 심상치 않은 일이 생기는 건 아닐까' 하고 불확실한 앞날을 나서서 걱정하는 미래 지향적인 공포, 즉 '축제(festum)의 전조(ante)'에 대한 전율이 안테페스툼이다.

반면 고도 우울증에서 나타나는 **미소망상**처럼 자신이 걷잡을 수 없는 일을 저지르고 말았다며 과거(post)에 얽매이는, 완료 지향적인 회한과 죄책감에 대한 집착이 포스트페스툼이다.

더 나아가 **조증 삽화**, 그리고 뇌전증 발작에 있어 징후 발생부터 실신까지의 과정을 놓고 '축제의 한창때(intra)'로서 '인트라페스툼'이라는 개념도 제시되고 있다.

안테페스툼　　　　포스트페스툼

사물이 갑자기 크게 보이거나 작게 보이는 발작

지각변형 발작

관련 항목 > 조현병 | 170

주로 **조현병** 치료 중에 일어나는 발작으로 아래와 같은 증상이 나타난다.

소리가 크게 들리고, 색이 선명하게 보이고, 사물의 형태가 뚜렷이 느껴진다(지각 과민화). 소리가 쫓아오는 것처럼 느껴지고, 벽이 자신을 향해 다가오는 것처럼 느껴 지고, 누군가가 뒤따라오는 것처럼 느껴지는 등 외부 세계가 낯설게 느껴진다. 신체 일부가 늘어나거나 줄어들고, 사물이 커지거나 작아지고, 거리가 멀어지거나 가까 워지고, 몸이 붕 뜨는 것처럼 느껴진다.

모두 몇 분에서 몇 시간 동안 일어나는 발작이며, 하루의 피로가 쌓인 저녁 무렵에 생기기 쉽고 자고 일어나면 사라진다.

항정신병약을 다량으로 먹고 있다면 복용량을 줄여서 어느 정도 효과를 볼 수 있 지만, 복용량을 갑자기 줄이거나 지나치게 줄이면 조현병이 재발할 수 있으므로 조 심해야 한다. 단기적인 치료에는 벤조디아제핀이 처방된다.

조현병에 뒤따르는 증상이라 환각으로 여겨지기 쉽지만 엄연히 다른 증상이다.

다른 정신 증상 없이 망상만 나타나는 상태

망상장애

관련 항목 ▸ 건강염려망상 | 8 ▸ 과대망상 | 14 ▸ 조현병 | 170 ▸
망상 | 173 ▸ 피해망상 | 186 ▸ 색정망상 | 194 ▸
질투망상 | 275 ▸

망상이 나타나는 정신질환이라고 하면 **조현병**이 대표적이다. 하지만 환청, 연상의 이완, 음성 증상 등이 뒤따르는 조현병과 달리 망상장애는 망상만 발생하고 다른 정신 증상은 나타나지 않는다. 과거에는 '망상병'이라고 불렸으며 편집증, 망상분열증과 같은 개념에서 비롯되었다.

망상의 내용은 **색정망상**, **과대망상**, **질투망상**, **피해망상**, **건강염려망상** 등 사람에 따라 제각각이다. DSM-5-TR에서는 색정형, 과대형, 질투형, 피해형, 신체형 등으로 분류한다.

나중에 환청이 들리기 시작하면 조현병으로 진단이 바뀌기도 한다.

다양한 연령대에서 나타나지만 조현병보다는 늦는 경향이 있어서 중년기 이후에 발병하는 일이 많고, 노년기에 발병하는 사람도 있다. 치료에는 항정신병약이 주로 쓰인다.

나는 세계를 구할...

또 전파가

내 애인이야

212

조현병

조현정동장애

관련 항목 > 우울증 | 1 ▶ 조울증 | 10 ▶ 조현병 | 170 ▶
망상 | 173 ▶

환청이나 **망상**이 생기는 **조현병**의 특징과 **우울증**이나 **조울증**과 같은 기분장애가
동시에 나타나는 것. 과거에는 '분열정동장애'라고 불렸다.

우울증이 심각한 시기에 미소망상이 발생하는 망상성 우울증과 달리 조현정동장
애는 기분 증상이 없는 시기에도 환청이나 망상이 생길 수 있다. 어떤 기분 증상이
나타나느냐에 따라 우울 삽화만 발현하는 우울형, 조증(또는 경조증) 삽화만 발현하
거나 조증 삽화와 우울 삽화 모두 발현하는 양극형으로 나뉜다.

조현정동장애에 관해서는 '조현병이 진행되는 와중에 환청 및 망상, 일상 속 고민,
뇌 기능 이상 등으로 인해 우울증이 더해진 상태'라는 해석이 있고 '조현병과 조울
증에는 연속성이 있으며 그 중간적인 존재가 조현정동장애'라는 해석이 있다.

기분 증상과 의식장애와 긴장증의 출현

비전형적 정신병

관련 항목 > 조울증 | 10 > 조현병 | 170 > 긴장증 | 175

'정신병적 증상', '기분 증상', '의식장애'. 이 세 가지 요소를 동시에 가지는 특수한 정신질환. 정신병적 증상은 갑자기 몸이 움직이지 않거나 흥분 상태에 빠지는 일이 반복되는 **긴장증**이 대표적이다. 기분 증상으로는 황홀경에 빠지거나 불안에 사로잡히거나 화가 많아지는 것을 들 수 있다. 의식장애에서는 생각이 정리되지 않거나 사람과 장소 등을 착각해 혼란에 빠지는데 그동안 겪은 일은 나중에 기억이 나지 않기도 한다.

이러한 증상은 갑자기 나타났다가 몇 주에서 몇 달 뒤 흔적도 없이 사라지기를 되풀이한다. 각 증상은 감기, 임신을 비롯한 신체적인 변화와 스트레스 등을 계기로 발현하기도 한다. **조현병**에서 쓰이는 항정신병약이나 **조울증**에서 쓰이는 기분안정제를 통해 재발을 억제하는 치료가 이루어진다.

증상이 갑자기 나타났다가 / 금방 낫는다 / 되풀이되는 일이 많다

머리가 돌아가지 않거나

화가 많아지거나 불안해지거나 황홀경에 빠지거나

나중에 기억나지 않거나

몸이 움직이지 않거나 같은 행동을 반복하거나

조현병 전구기에 한쪽 발을 걸친 상태

정신병 고위험 상태

관련 항목 > 조현병 | 170   환각 | 172   망상 | 173
조현형 성격장애 | 242

아직 조현병은 아니지만 **조현병** 발병이 우려되는 상태. 'At-Risk Mental State'의 머리글자를 따서 'ARMS'라고 부른다.

아래와 같은 세 가지 유형이 포함된다.

1. 문제가 되지 않을 만큼 약한 **환각**이나 **망상**이 이어지는 사람.

2. 환각이나 망상이 특정한 시점에만 생기는 사람.

3. **조현형 성격장애**나 조현병 가족력이 있으면서 사회적인 기능이 낮은 사람.

조현병은 전체 인구 중 약 1%에게서 나타나지만 ARMS는 1년에 4분의 1, 3년에 3분의 1이 조현병으로 발전하므로 주의해야 한다.

ARMS인 사람이 항정신병약을 먹는다고 해서 조현병이 예방되는 것은 아니나, 조현병이 나타났을 때 곧바로 항정신병약을 이용한 치료를 시작하면 질환의 경과가 훨씬 좋아진다.

같이 살아서 같이 걸리는 정신병

이인조 정신병

관련 항목 >  망상 | 173

어떤 사람에게 **망상**이 주를 이루는 정신질환이 나타난 것이 영향을 미쳐 같이 사는 가족 등 친밀한 관계인 사람까지 비슷한 정신질환에 걸리는 것. 우리나라에서는 '공유망상장애', '감응성 정신병'이라고 불린다.

예를 들면 어떤 남자가 전파 공격을 당하고 있다는 망상에 사로잡히자 같이 살던 아내까지 "맞아요, 누군가 우리 집에 전파를 쏘고 있어요!" 하고 비슷한 망상을 공유하는 식이다.

처음 망상이 나타난 사람은 감응(발단)자, 영향을 받은 사람은 피감응자라고 한다. 감응자와 피감응자는 분리해서 치료를 진행하는 것이 원칙이며 한집에 사는 가족일 경우 입원이 필요하다.

프랑스어로 '폴리 아 되(Folie à deux)'라고 하는데, 3인조 정신병인 '폴리 아 트루아(Folie à trois)', 4인조 정신병인 '폴리 아 콰트로(Folie à quatre)'도 있다고 한다.

15

환각과 망상

216

환각과 망상

★ ☆ ☆

실제와 다르게 보이는 것

착각

관련 항목 ❯ 섬망 | 137   환각 | 172
루이소체 신경인지장애 | 252

대상을 사실과 다르게 지각하는 것. 잘못 보거나 잘못 듣는 것이 병적인 수준에 다다른 것이다. 비슷한 개념으로 **환각**이 있는데, 환각은 존재하지 않는 대상을 지각한다는 점에서 착각과 다르다.

오감(시각, 청각, 촉각, 미각, 후각) 각각에 대해 착각이 존재하지만 주로 논의되는 것은 착시(시각)와 착청(청각)이다. 착각이 발생하는 배경으로 다음을 들 수 있다.

1. 차를 운전하다가 잠깐 시야에 들어온 가로수가 순간 사람으로 보이는 것과 같이 부주의로 인한 착각.

2. 무서운 이야기를 듣고 나면 전혀 상관없는 사물이 사람의 얼굴이나 실루엣처럼 보이는 것과 같이 감정 변화로 인한 착각.

3. **루이소체 신경인지장애**나 **섬망** 등 질병으로 유발되는 착각.

환각
아무것도 없는데
사과가 보인다

착각
돌멩이가
사과로 보인다

시야 바깥에서 인기척이 느껴지는 체험

실체 의식성

관련 항목 ❯ 조현병 | 170   환각 | 172
망상 | 173   루이소체 신경인지장애 | 252

감각 기관을 통해 느끼지 않았는데도 그 실재성을 의식하는 것을 가리킨다. 보이지도 않고 들리지도 않고 무언가 닿지도 않았는데 등 뒤에서 다른 사람의 존재나 인기척을 느끼는 것을 예로 들 수 있다.

조현병과 **루이소체 신경인지장애**에서 나타나는 증상이지만, 건강한 사람도 무서운 이야기를 듣고 난 뒤에 체험할 수 있다.

실제로는 아무도 없는데 누군가 있다고 생각하는 것이라면 '**망상**'에 가깝다. 생각한다기보다 느낀다는 점에서는 '**환각**'에 가깝지만 보고, 듣고, 닿고, 맛보고, 맡는다는 감각 요소가 없으므로 환각이라고도 할 수 없다. 따라서 실체 의식성은 망상도 환각도 아니지만 그나마 환각에 가까운 '거짓환각'으로 분류된다.

얼룩이나 무늬가 사람의 얼굴 따위로 보이는 것

파레이돌리아

관련 항목 > 섬망 | 137   착각 | 216
루이소체 신경인지장애 | 252

애매하고 무의미한 감각 대상에서 뚜렷하고 유의미한 형상을 지각하는 **착각**의 일종이다.

천장에 난 얼룩, 벽지의 무늬, 구름 등이 사람의 얼굴이나 모습, 동물, 괴물 등으로 보이며 주로 착시(시각적인 착각) 형태로 나타난다.

자주 언급되지는 않지만 지하철이 지나갈 때 나는 소리가 멜로디처럼 들리는 것과 같은 청각적인 파레이돌리아도 존재한다.

머릿속에서 떠오르는 상상과 현실에서 느끼는 지각이 겹치면서 발생하는 현상으로, 가벼운 수준은 건강한 사람도 어두운 곳에서 종종 경험하지만 병적인 수준은 **루이소체 신경인지장애**나 **섬망**에서 흔히 나타난다.

아무 의미 없는 무늬가 사람 얼굴로 보이는 정도라면 다들 겪어 봤잖아요?

환각과 망상

★ ★ ★

시각장애인이 보는 환각

샤를 보네 증후군

관련 항목 ❯  환각 | 172

시각장애인에게 발생하는 환시. 다시 말해 눈이 보이지 않는 사람이 **환각**을 보는 것이다. 환각의 대상은 사람, 사물, 기하학적인 무늬 등 다양하다. 환각이 나타난다는 점에서 조현병의 일종처럼 여겨지기 쉬우나 조현병과는 관련이 없다.

후천적으로 시력에 장애가 생긴 사람에게서 나타나며, 노년층에서 많이 발생한다. 시각장애로 인해 바깥에서 들어오는 시각 정보와 기억에 기반하는 시각 이미지 사이의 균형이 무너지면 기억에 기반하는 시각 이미지가 멋대로 쏟아져 나온다. 즉 지금 눈앞에 아무것도 보이지 않게 되면서 과거에 본 것이 떠오르는 것이다.

약물 치료의 대상이 아니다.

눈이 보이지 않는데 환각을 본다니 신기하죠.

환각과 망상

★ ★ ☆

음악 환청

관련 항목 〉 조현병 | 170

기억에 남는 노래나 멜로디가 머릿속에서 끊임없이 맴도는 '이어웜 현상'은 건강한 사람도 겪을 수 있다. 이러한 현상이 강해지면 음악 환청이 된다.

조현병의 증상으로서 나타나기도 하지만, 음악 환청 대부분은 조현병에서 나타나는 환청과 전혀 다르다.

뇌혈관질환, 뇌종양, 뇌전증 등 원인은 다양한데 가장 흔한 것은 난청이나 청각장애로 인한 음악 환청이다.

청각장애로 인해 바깥에서 들어오는 청각 정보와 문득 떠오르는 음악 사이의 균형이 무너지면 아무 생각도 하지 않으려고 해도 음악이 끊임없이 떠오른다. 귀를 통해 들리는 것이 줄어들면서 머릿속에서 음악이 샘솟는 것이다. 청각장애로 인한 음악 환청은 약물 치료의 대상이 아니다.

몸에서 느껴지는 기이한 체감각환각

체감이상

관련 항목 >  조현병 | 170

실제로는 아무런 자극도 주어지지 않은 신체 부위에서 감각이 느껴지는 것을 '체감 각환각'이라고 하는데, 그중에서도 불쾌하면서 기이한 감각을 호소하는 증상이 체 감이상이다.

목 안쪽에서 끈적끈적한 점액이 분비된다느니 내장이 꾸물거려서 경련이 일어난 다느니 입안에 있는 철사가 점막을 찌른다느니 호소하는 내용은 다양하다. 특히 입 과 관련된 증상이 많아서 이를 가리켜 '구강 체감이상'이라고 부르기도 한다.

조현병을 비롯한 정신질환으로 인해 생기기도 하고, 다른 정신질환 없이 체감이 상만 나타나기도 한다. 임상 현장에서는 주로 항정신병약이나 항우울증약을 이용 한 치료를 시도하지만, 차도는 거의 보이지 않는다.

가만히 있는 물체가 움직인 것처럼 보이는 현상

키네톱시아

관련 항목 >  착각 | 216   루이소체 신경인지장애 | 252

키네톱시아(kinetopsia)는 가만히 있는 물체가 순간 움직인 것처럼 보이는 증상이다. 실 보푸라기가 움직였다거나 전등 갓이 흔들렸다느니 벽지 무늬가 꿈틀거렸다는 등의 주장을 한다.

착시(시각적인 **착각**)의 일종이며 움직임에 대한 감각이 항진된 상태에서 일어난다. 파킨슨병이나 **루이소체 신경인지장애** 등이 원인이 되는 경우도 많다.

극히 드물지만 움직이는 물건의 움직임을 느끼지 못하는 사례도 있는데 이는 '아키네톱시아(akinetopsia)'라고 한다.

지각할 수 있는 범위 바깥에서 느껴지는 환각

영역 외 환각

관련 항목 ▶ 　환각 | 172 　　실체 의식성 | 217
루이소체 신경인지장애 | 252

자신의 감각 기관으로 지각할 수 있는 범위를 넘어선 곳에서 느껴지는 **환각**. '바다 너머에서 외국인의 목소리가 들린다'라고 하면 영역 외 환청이 되고, '머릿속에서 벌레가 돌아다니는 것이 보인다'라고 하면 영역 외 환시가 된다.

비교적 흔한 사례로 사람이 보이는 것이 있다. 등 뒤에 있는 사람의 존재를 느끼기만 한다면 '**실체 의식성**'이지만 등 뒤에 있는 사람이 보인다면 시야 바깥에서 느껴지는 환시인 '영역 외 환시'라고 할 수 있다. 다만 실제로는 거의 구분 없이 쓰인다.

등 뒤에 있는 사람의 존재를 느끼거나 보는 것은 특히 파킨슨병과 **루이소체 신경인지장애**에서 흔히 나타나는 증상이다.

시야 바깥에서 환각이 보인다니 신기하네요.

사물이 커지거나 작아지는 신비한 체험

이상한 나라의 앨리스 증후군

관련 항목 ❯ **지각변형 발작 | 210**

시각, 청각, 촉각, 감각, 시간 등에 변형이 생긴 것처럼 느껴지는 현상. 신체 일부분이 늘어나거나 줄어든 것처럼 느껴지고, 사물이 커지거나 작아진 것처럼 보이고, 대상이 실제보다 멀리 있거나 가까이 있는 것처럼 보이고, 형태가 뒤틀려 보이고, 몸이 붕 떠 있는 것처럼 느껴지고, 시간의 흐름이 평소와 다르고, 현실감이 사라진다.

증상 자체는 '**지각변형 발작**'과 같지만, 이상한 나라의 앨리스 증후군은 편두통이나 뇌전증에서 발생한다. 정신질환이라기보다 신경의 문제다.

『걸리버 여행기』에 등장하는 가상의 소인국 릴리퍼트의 이름을 따서 '릴리퍼트 환각'이라고 부르기도 한다.

병까지는 아니더라도 다들 비슷한 경험이 한 번씩은 있지 않나요?

자기 손이 남의 손처럼 느껴지는 체험

외계인 손 증후군

자기 손이 남의 손처럼 느껴지는 것. 영어로 'alien hand syndrome'이라고 한다.

주로 뇌혈관질환, 뇌종양 등 뇌들보에서 일어나는 병변으로 인해 발생한다.

등 뒤처럼 스스로 볼 수 없는 곳에서 한쪽 손으로 다른 쪽 손을 만지면 남의 손으로 만진 것처럼 느껴지는 수준부터, 한쪽 손이 자신의 의사를 따르지 않고 제멋대로 움직이는 것처럼 느껴지는 수준까지 증상이 다양하다.

의지대로 움직일 수 있는 오른손과 제멋대로 움직이는 왼손이 서로 반대되는 목적을 갖고 행동하기도 한다. 예를 들어 오른손으로 옷을 입으려 하면 왼손이 벗기려 하고, 오른손으로 문을 열려 하면 왼손이 문을 닫으려 하는 식인데 이는 '대항실행증(양손 간 갈등)'이라고 한다.

가위를 발견했을 때 한쪽 손이 당사자의 의사와 관계없이 제멋대로 가위를 들고 눈에 띄는 물건을 잘라버리는 것과 같은 '도구의 강박적 사용'이 일어나기도 한다.

실제와 다른 냄새를 맡는 체험

환각과 망상

파로스미아

★ ★ ★

관련 항목 › **착각 | 216**

착각은 오감(시각, 청각, 촉각, 미각, 후각) 각각에 존재하지만 주로 시각에 대한 착각인 착시가 다뤄진다. 하지만 후각에도 착각이 존재하는데 바로 파로스미아다. '착후'라고도 한다.

갓 내린 향긋한 커피에서 썩은 냄새가 난다거나 신선한 과일에서 하수구 냄새가 나는 등 다양한 향기가 불쾌한 악취로 느껴진다.

원인으로는 후각 정보를 정리하는 뇌신경의 문제와 후각 말초신경의 문제 두 가지를 꼽을 수 있다. 감염증을 계기로 발생하는 경우가 많아 최근에는 코로나19의 후유증 중 하나로 주목받았다.

비슷한 개념으로 아무것도 없는데도 냄새를 느끼는 '판토스미아'가 있다.

정신건강의학과보다는 이비인후과의 영역에 가깝다.

실제로는 임신하지 않은 여자에게 일어나는 일

상상임신

관련 항목 > 조현병 | 170

실제로는 임신하지 않은 여성이 자신은 임신했다고 확신하는 것으로, 여러 가지 신체 변화를 수반한다.

　구체적으로는 월경이 멈추고 가슴이 뭉치는 것이 가장 흔하며, 간혹 유즙이 나오거나 입덧과 비슷한 구역질이 나거나 속이 더부룩하거나 몸무게가 늘거나 태동을 느끼기도 한다.

　원인은 조현병, 기분장애, 불안장애와 같은 정신질환부터 도파민 등 신경전달물질의 불균형, 호르몬 이상, 산부인과적 문제까지 다양하다. 아이를 너무 갖고 싶어 하거나 반대로 임신에 거부감을 가지는 등 임신을 둘러싼 심리가 영향을 미치기도 한다.

아내가 임신 중일 때 남편에게 입덧이 생기는 것

쿠바드 증후군

관련 항목 > **상상임신 | 227**

아내가 임신 중일 때 남편이 임신부와 비슷한 고통을 느끼는 것. 주로 입덧과 비슷한 구역질, 식욕부진, 복통, 복부 팽만감을 비롯한 소화기 증상이 나타난다.

여성에게 나타나는 **상상임신**과 비슷한 개념으로, 심리적으로 외부 자극에 민감한 남성이 걸리기 쉽다고 한다.

또한 임신에 더욱 적극적으로 관여하고 싶은 마음이 쿠바드 증후군으로 나타날 수도 있고, 가정 내 변화에 대한 불안감이 영향을 미칠 수도 있다.

약물 치료는 필요하지 않으며 아기가 태어나기 전에 자연스럽게 낫는다.

생소하겠지만 가벼운 증상까지 포함하면 아내가 임신한 남성 중 적게는 4분의 1이, 많게는 3분의 1이 쿠바드 증후군을 경험한다고 한다.

늑대인간이 되었다고 생각하는 망상

라이칸트로피

관련 항목 〉 조현병 | 170   환각 | 172
망상 | 173   체감이상 | 221

자신이 늑대로 변신할 수 있다거나 변신했다고 확신하는 **망상**.

늑대인간 이야기는 중세 유럽에 기원을 두고 있다. 늑대는 서유럽에서는 사악한 동물로, 북유럽에서는 신성한 동물이자 존경과 경외의 대상으로 여겨진다. 그래서 인지 증례보고는 유럽과 미국의 비중이 높으며 **조현병**을 비롯한 정신질환에서 발생했다는 보고가 나오고 있다.

자신의 체모를 주목하거나, 송곳니를 의식하거나, 신체 구조에 관한 **환각**을 경험하거나, **체감이상**을 계기로 자신이 늑대라고 확신하는 등 라이칸트로피에 이르는 과정은 다양하다.

자신이 개가 되었다고 생각하는 망상은 '사이난트로피'라고 한다. 늑대뿐만 아니라 자신이 어떠한 짐승(사자, 호랑이, 악어)이 되었다고 확신하는 '동물화망상'도 있다.

16

품행

230

품행

★★☆

사회적인 규범에서 벗어나 다른 사람에게 위해를 가하는 청소년

품행장애

관련 항목 >  사이코패스 | 249

사회적인 규범을 어기고 다른 사람의 권리를 침해하는 문제적인 행동으로, 주로 청소년기에 나타난다. 과거에는 '행동장애', '품행이상'이라고 불렸다.

다른 사람이나 동물에 대한 괴롭힘, 왕따, 협박, 몽둥이나 날붙이 등을 이용한 폭력, 거짓말, 불법침입, 절도, 강도, 성폭력, 패싸움, 방화, 기물파손 등을 저지른다. 학교는 출석하는 날이 드물고 밤거리를 돌아다니거나 말없이 외박하기도 한다.

품행장애 중에는 후회와 죄책감이 없고 공감 능력이 부족해 감정이 메마르고 자신이 어떻게 행동하는지 신경 쓰지 않는, 이른바 **사이코패스**의 특성을 가지는 사람도 있다. 나중에 반사회적인 행동에 손을 댈 확률이 높으므로 주의가 필요하다.

약으로 치료할 수 있는 병이 아니다. 가정, 학교, 아동상담센터, 경찰 등 관계자가 연계해서 행동 개선을 목표로 삼아야 할 것이다.

품행

★ ★ ☆

충동을 조절하지 못해 화가 폭발하는 사람

간헐적 폭발장애

지나치게 화를 내다 못해 파괴적인 수준에 이르는 사람.

물건이나 동물이나 사람을 대상으로 물리적인 공격을 가하고, 짜증을 부리고, 말싸움을 일으키는 일이 지속되며 1년에 세 번은 물건을 부수거나 동물이나 사람에게 상처를 입히는 것을 가리킨다.

이익을 얻기 위해서가 아니라 충동적으로 튀어나오는 말과 행동이다. 계기가 있다 하더라도 분출되는 공격성에 비하면 별것 아닐 때가 많다.

대부분 십대에 처음으로 나타나고 과거에 폭력, 성폭력, 학대 등을 당한 경험이나 트라우마가 있으면 걸릴 확률이 높다.

심리 상담 등을 통해 분노를 제어하는 방법이 시도된다.

분노를 조절하지 못하면 주변 사람은 물론이고 본인도 불행해져요. 감정을 제어하는 방법을 찾을 수 있어야 할 텐데 말이죠.

품행

★★☆

걸핏하면 화를 내고 늘 신경질적인 아이

파괴적 기분조절부전장애

관련 항목 > 조울증 | 10

어릴 적부터 걸핏하면 화를 내고 짜증을 부리고 늘 신경질적인 사람.

화를 내는 것은 폭력, 물건 부수기, 폭언과 같은 형태로 나타나는데, 이러한 분노 표출이 일주일에 몇 번씩 일어나고 화를 내지 않을 때도 예민하면서 불만스러운 듯한 상태가 이어지는 것이 파괴적 기분조절부전장애다.

정의하기 까다로운 개념이며 정형화된 치료법도 아직 밝혀지지 않았다. **조울증**이나 트라우마와의 관련성도 연구되었지만, 일반적인 트라우마 치료나 조울증에 대한 약물 치료는 효과가 없는 것으로 나타났다. 특효약은 없으며 심리 상담 등을 통해 문제 해결 능력이나 대인관계 능력을 높이는 것이 바람직하다.

화가 많고 신경질적인 성격이라도 행동으로 이어지지 않도록 관리해주면 살아가는 데 한결 편해질 거예요.

화가 많고 반항심으로 가득 찬 사람

적대적 반항장애

별것 아닌 일로 자주 욱하고, 말싸움이 잦고, 반항심으로 가득 차 있으면서 도발적이고, 마음에 들지 않는 일이 있으면 끈질기게 매달리고, 주변 사람들을 조마조마하게 만드는 사람. '도전적 반항장애'라고도 한다.

툭하면 짜증을 부리고, 신경과민 탓에 늘 안절부절못하고, 일부러 다른 사람을 자극하고, 자신의 실패를 다른 사람의 탓으로 돌리는 등 심술궂고 끈질기다.

적대적 반항장애인 사람의 분노는 부모, 교사, 상사와 같이 자신을 지배할 수 있는 위치에 있거나 권위를 가진 사람에게 향하는 일이 많다.

증상이 가벼우면 직장에서만, 학교에서만, 집에서만, 친구와 있을 때만 다투는 식으로 특정 상황에서만 나타나지만, 증상이 심각하면 누군가 한 사람이라도 더 있는 자리라면 어디서든 말싸움을 시작한다.

17

성격장애

대인관계와 감정이 불안정하고 정신질환의 경계에 놓인 상태

경계성 성격장애

관련 항목 > **망상 | 173** **유기불안 | 236** **정체성 혼란 | 238**

최근까지 '경계선 성격장애'라는 명칭이 사용되었으며 간략하게 '경계선'이라고 부르기도 한다. 약물 치료가 아니라 심리 상담의 대상이다.

DSM-5-TR 진단 기준에 따르면 아래와 같은 요소가 나타난다고 한다.

연인이나 친구에게 버림받을지도 모른다는 불안감에 체면 따위 생각하지 않고 행동하는 **유기불안**. 누군가를 이상화하다가도 언제 그랬냐는 듯이 헐뜯는 등 타인에 대한 평가가 양극단을 오가는 불안정한 대인관계. 자아상이나 가치관이 흔들리는 **정체성 혼란**. 낭비, 약물이나 알코올 남용, 부적절한 성행위, 과식 등 자기 파괴적인 행동. 자살 기도나 자해 행위. 감정이 불안정하고, 부정적인 일에 금방 반응하는 경향. 만성적인 공허감. 부적절한 상황에서 화내는 등 스스로 제어하기 힘든 분노. **망상**이나 해리.

자신의 감정을 타인의 감정이라고 생각하는 경계성 성격장애

투사적 동일시

관련 항목 ❯ **경계성 성격장애 | 234** ❯

경계성 성격장애의 증상 중 하나.

자신의 바람직하지 않은 감정을 제대로 처리하지 못해 다른 사람의 감정이라고 생각하는 것을 '투사'라고 한다. 이처럼 다른 사람에게 투사한 감정을 그 사람 자체와 동일시하는 것이 투사적 동일시다.

남을 미워해서는 안 된다느니 남에게 화를 내서는 안 된다느니 하고 생각하면서도 다른 사람에게 혐오감이나 분노를 느끼는 것은 누구나 겪는 일이다.

이때 자신의 부정적인 감정을 받아들이지 못하고 상대방의 감정으로 간주하는 것이 투사이고, 더 나아가 '저 사람이 나를 싫어하고 화내니까 나도 어쩔 수 없이 저 사람을 싫어하고 화낼 수밖에 없다'라고 무의식적으로 혐오감이나 분노를 정당화하는 것이 투사적 동일시다.

자기도 모르게 일어나는 투사적 동일시를 자각하는 것이 극복을 위한 첫걸음이랍니다.

경계성 성격장애의 대인적 특성

유기불안

관련 항목 ❯ 경계성 성격장애 | 234

다른 사람을 대하는 상황에서 나타나는 **경계성 성격장애**의 증상으로, 자신이 중요하다고 생각하는 타인, 즉 연인이나 친구 등에게서 버림받을지도 모른다는 불안감을 가리킨다.

'불안'이라는 표현이 쓰이지만 실제로는 우울 삽화, 분노, 공포, 죄책감, 무력감, 공허감 등이 복합적으로 나타난다. 유기불안이 자극되면 버림받지 않기 위해 물리적으로나 심리적으로 상대방에게 매달리기도 하고, 자살을 암시하기도 하고, 약물을 남용하기도 하며, 자해 행위나 성적인 행위를 시도하는 등 체면을 아랑곳하지 않는 행동에 이를 수 있다.

경계성 성격장애까지는 아니더라도 어릴 적 엄마와 떨어져야 하는 상황이 다가오면 괜히 겁이 나는 유기불안은 누구나 겪은 적이 있을 것이다.

> 유기불안에 제대로 대응하게 되면 자해나 자살과 같은 문제를 줄일 수 있을 거예요.

부분 대상관계로 인한 불안정성

분리

관련 항목 > **경계성 성격장애 | 234**

극단적으로 이분화된 관점. 주로 **경계성 성격장애**의 특징으로 꼽힌다.

자신과 다른 사람의 정서적 유대를 '대상관계'라고 하는데, 일반적으로 다른 사람을 인식할 때는 그 사람에게 좋은 점도 나쁜 점도 그저 그런 점도 있다는 사실을 알고 총체적으로 받아들이면서 관계를 쌓기 마련이다.

하지만 경계성 성격장애에서는 그 사람의 좋은 점만 주목해서 '좋은 사람'이라고 생각하거나, 그 사람의 나쁜 점만 주목해서 '나쁜 사람'이라고 생각하는 것처럼 각 부분을 따로 떼어내 매 순간의 호불호로 관계성을 판단하는 '부분 대상관계'가 흔히 발생한다.

이때 '모 아니면 도', '좋거나 혹은 나쁘거나' 하는 식으로 극단적인 평가를 내리는 것을 '분리(splitting)'라고 한다.

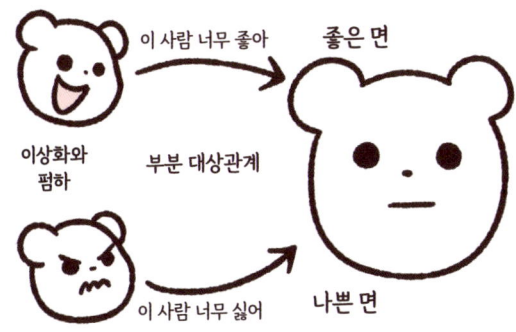

'나는 무엇인가'라는 고민

정체성 혼란

관련 항목 >  경계성 성격장애 | 234

'자아동일성장애', '동일성장애', '정체성장애'라고도 한다. **경계성 성격장애**에서 흔히 문제시되는 상태다.

정체성이란 나는 어떤 존재인가, 나다운 것이란 무엇인가, 나는 어떻게 살아가야 하는가 등 자신과 관련된 감각을 가리킨다. 이러한 정체성에 혼란이 생기면 자신이 어떤 존재인가에 대해 명확하면서 안정적인 자기개념을 가지지 못하게 된다.

따라서 가치관과 진로가 흔들리고 삶에 우여곡절이 생겨 자신의 사회적인 가치를 실감하지 못할 뿐만 아니라 무슨 일을 해도 보람을 느끼지 못하고 만성적인 허무감에 시달린다.

정상적인 심리 발달 과정에서도 청소년기 전반부에는 자신은 무엇이고 어떤 존재가 되어야 하는지에 대한 답을 찾지 못하고 고민에 빠지는 일이 흔하게 나타난다. 이처럼 정체성에 관한 답을 잠시 미뤄두는 사회적인 유예 기간을 '모라토리엄'이라고 한다.

자신이 무엇인지에 대한 고민은 청소년기에 특히 많이 나타난답니다.

파괴적인 행동으로 표출되는 성격장애

액팅아웃

관련 항목 > **경계성 성격장애 | 234**

불쾌한 경험이나 감정을 수용하지 못하고 행동으로 표출하는 것을 말한다. '행동화'라고도 한다.

수용하지 못하는 경험이나 감정은 그 순간 일어나는 것이라기보다 유소년기에 시작되어 삶 전반에 걸쳐 이어져온 것일 때가 많다. 표출되는 행동은 기물파손, 자해, 폭력, 약물 남용, 부적절한 성적 행위 등 다양한 형태를 띤다.

경계성 성격장애에서 자주 언급되는 용어로, 삶이라는 대본을 연기(액팅)하는 과정에서 내면의 갈등이 대사가 아니라 행동이라는 형태로 드러나는 것이 액팅아웃이다.

가슴속에 담아둔 고민이 부적절한 행동으로 튀어나오지 않도록 조심해야겠어요.

조현병의 음성 증상 같은 사람

조현성 성격장애

관련 항목 〉 조현병 | 170 〉 양성 증상과 음성 증상 | 171 〉

자기만의 공간에 틀어박히기 일쑤라 사회적으로 고립되고 감정 표현이 거의 없는 사람.

그 밖에도 친밀한 관계를 원하지 않고, 친한 친구나 믿을 만한 지인이 없고, 항상 고립을 자처하고, 주위에 무관심하고, 냉담하면서 감정 변화가 적고, 사람들에게서 칭찬을 받든 꾸중을 듣든 아무 반응이 없고, 기쁨을 느끼는 일이 드물고, 다른 사람과의 성적 관계에 거의 흥미를 보이지 않는다는 특징이 있다.

여성보다 남성에게서 많이 나타난다. 잘 지내다가 어느 날 갑자기 발생하는 증상이 아니라 어릴 적부터 꾸준히 존재하는 증상이다.

치료 약은 없다. 나중에 **조현병**에 걸릴 확률이 일반 사람보다 높으며, 조현병에 뒤따르는 **양성 증상과 음성 증상** 중 음성 증상만 두드러지는 상태다.

남을 지나치게 의심하는 사람

편집성 성격장애

불신과 의심으로 가득 차 있으며, 다른 사람이 하는 말이나 행동에 무언가 악의가 숨어 있다고 해석하는 사람. 과거에는 '망상성 성격장애'라고 불렸다.

특징을 꼽자면 남들이 자신을 이용하거나 속이거나 해를 끼칠지도 모른다는 확신에 사로잡혀 친구나 동료처럼 가까운 사람도 끊임없이 의심하고, 정보가 악용될까 봐 자신에 대해 이야기하지 않으려 한다. 배우자나 연인이 바람을 피울지도 모른다며 집요하게 의심하고, 남들이 악의 없이 한 말에 자신을 깎아내리거나 위협하려는 의도가 숨어 있다며 과대 해석하고, 객관적으로 별것 아닌 일인데도 자신을 바보 취급한다는 둥 공격적인 의미를 찾아내 복수를 다짐한다. 또 무슨 일만 생기면 굴욕을 당했다느니 따돌림을 당한다느니 상처를 입었다느니 가슴에 담아두고, 남의 잘못을 용서하지 않으며, 툭하면 남 탓을 한다.

여성보다 남성에게서 많이 나타난다.

242

성격장애

★★☆

망상가 기질이 있고 괴짜 같은 사람

조현형 성격장애

관련 항목 〉 **망상 | 173**

친한 사람에 대해서도 언제 그랬냐는 듯이 갑자기 밀어내고, 인지적이고 지각적인 왜곡이 나타나고, 남들이 이해하기 힘든 행동을 보이는 사람. 약물 치료로 낫지 않으며 아래와 같은 특징이 나타난다.

망상까지는 아니지만 주변에서 일어나는 일을 자신과 연결 짓는 관계염려. 미신을 맹신하고 자신이 텔레파시나 육감을 구사할 수 있다고 생각하는 등 유별난 신념과 마술적인 사고. 신체적인 착각과 같이 일반적인 범주를 벗어난 지각 체험.

내용이 모호하거나, 말을 에두르거나, 지나치게 추상적이거나, 반대로 세부적인 내용에 집착하거나, 판에 박힌 말을 늘어놓는 등 기이한 말투와 사고방식.

의심과 편집적인 사고. 부적절하고 제한된 감정.

독특하고 기이한 행동이나 외모. 친한 사람이나 믿을 만한 사람이 없는 인간관계. 다른 사람과 엮이는 일에 대한 과도한 불안.

연극성 성격장애

남들의 이목과 평가를 끊임없이 추구하는 사람. 다음과 같은 특징을 보인다.

말을 지어내거나 아양을 떨면서까지 관심의 중심에 있으려 하고, 자신이 관심의 중심에서 벗어나는 상황을 불쾌하게 여긴다.

성적으로 지나치게 유혹적이거나 도발적인 행동을 취한다.

다른 사람의 눈길을 끌기 위해 옷이나 화장에 에너지를 쏟고 외모에 집착한다.

피상적이면서 빠르게 변하고, 연극적이면서 과장된 감정 표현.

인상적이지만 알맹이가 없는 화법.

피암시적이고, 유행을 금방 따라가고, 남의 이야기를 잘 믿는 등 다른 사람이나 상황에 쉽게 영향을 받는다.

다른 사람과의 관계에 대해 실제보다 더 친밀하다고 생각한다.

약으로 치료할 수 있는 병이 아니다. 남들에게서 주목받고 싶다는 생각이 들더라도 그 생각을 행동이 아니라 말로 표현하는 습관을 익히다 보면 바뀔 수 있다.

자기애에 사로잡힌 사람

자기애성 성격장애

자기애에 지나치게 사로잡힌 사람. 구체적으로는 아래와 같은 특징을 보인다.

　자신의 성취와 재능을 과장하거나 성과에 비해 뛰어난 사람으로 여겨지기를 기대한다. 자신의 중요성을 실제보다 과대평가하고 과도한 찬사를 요구한다. 성공, 권력, 능력, 아름다움, 사랑에 관한 공상에 빠져 자신은 특별한 사람만이 가치를 알아볼 수 있는 특별한 존재이므로 자신의 가치를 이해해줄 특별한 사람과 연결되어야 한다고 생각한다. 남들을 질투하거나 남들이 자신을 시기한다고 생각한다. 건방지고 오만하며 특권의식이 강하다. 굳이 말하지 않아도 남들이 자기 뜻대로 움직여야 한다고 생각하고, 자기만 특별한 대접을 받기를 원한다. 공감 능력이 부족해 다른 사람의 감정을 인식하려고 하지 않는다.

　특권의식이 두드러지는 유형과 자존심이 강해 남의 비판에 금방 상처 입는 유형이 있다.

날 특별하게 대하라고

내가 가진 가치는 안목이 뛰어난
사람만 알아볼 수 있지

다른 사람? 관심 없는데?

나쁜 짓을 되풀이하는 사람

반사회성 성격장애

관련 항목 > **사이코패스 | 249**

사회적인 규범을 깨고 타인의 권리를 무시하는 사람. 다음과 같은 특징이 있다.

계획이 없고 충동적이며 미래를 생각하지 않는다. 자신과 타인의 안전을 고려하지 않고 무모하다. 책임감이 없어 한 직장을 안정적으로 오래 다니지 못하고 내야 하는 돈을 내지 않는다. 툭하면 거짓말하고 남을 속인다. 공격적이고 난폭해서 폭력과 몸싸움이 잦고, 다른 사람에게 상처를 입히거나 물건을 훔치고 나서도 양심의 가책을 느끼지 않는다. 법과 사회적인 규범을 지키지 않아 수시로 체포된다.

당사자가 제 발로 의료 기관을 찾아가는 일이 드물어 기본적으로 치료의 대상이 되지 않는다. 의료인이 관여하는 경우는 교정시설 내에서의 진료나 정신감정이 대부분일 것이다. 이 장애의 핵심을 이루는 위험한 존재로 '**사이코패스**'가 있다.

못 해먹겠네

지나치게 집착하는 사람

강박성 성격장애

규율에 지나치게 얽매이는 완벽주의자. 아래와 같은 특징이 나타난다.

세부적인 내용, 규칙, 목록, 순서, 구성, 스케줄에 과도하게 집착한다.

자신의 기준을 충족할 때까지 리포트 작성을 마무리하지 못하는 식으로 지나친 완벽주의가 과제 완수를 방해한다.

돈이 궁한 것도 아닌데 여가 활동과 교우 관계를 희생하면서까지 일과 능률에 매달린다.

도덕, 윤리, 가치관에 대해 지나치게 꼼꼼하고 양심적이며 융통성이 없다.

별다른 추억이 있는 것도 아닌데 낡고 쓸모없는 물건을 버리지 못한다.

자신이 일하는 방식을 완벽히 따르지 않는 이상 남에게 일을 맡기거나 함께 일하지 못한다.

돈은 미래에 닥칠 재난에 대비하는 수단이라고 여겨 금전적으로 인색하다.

치료 약은 없으며 완벽주의적인 행동을 서서히 줄여나가는 것이 바람직하다.

불안이 지나쳐 타인과의 관계를 피하는 사람

회피성 성격장애

관련 항목 ＞ 사회불안장애 | 58

사람들과 어울려야 하는 상황에 대한 불안으로 인해 대인관계를 피하는 사람.

남들에게 혼나거나 미움받지 않을까 끊임없이 걱정하고, 수치심을 당하거나 조롱의 대상이 되는 것이 두려워 매사에 소극적이면서 방어적이다. 상대방이 자신을 좋아한다는 확신이 들기 전까지는 친구나 연인이 되자는 말을 먼저 꺼내지 않고, 비판이나 거절을 당할지도 모른다는 생각에 다른 사람과 엮이는 일 자체를 피한다. 자신은 단점뿐인 데다가 쓸모없고 열등한 인간이라는 생각에 늘 자신감이 부족하고, 창피를 당할지도 모른다는 불안 탓에 어떠한 일을 시작하거나 새로운 일에 도전하는 것을 망설인다.

대인관계 상황에서 지나치게 긴장하는 '**사회불안장애**'와 관련이 깊지만, 성장 과정에서 어느 정도 수그러드는 경향이 있다.

내가 먼저 말을 걸다니
말도 안 돼

다들 날 미워할 거야
비웃을지도 몰라

자신감이 부족해 남에게 기대려는 사람

의존성 성격장애

자신감이 부족해 남에게 기대고 싶다는 생각에 사로잡히고, 그 사람에게서 버림받는 상황을 끊임없이 걱정하고 불안해하는 사람.

알코올사용장애에서 이야기하는 '의존'과는 전혀 다르다. 주로 다음 특징이 나타난다. 자신감이 없고, 스스로 생각해서 계획하거나 실행하는 힘이 부족하고, 다른 사람이 책임을 져주지 않는 한 일을 시작하지 못하고, 다른 사람의 조언이나 보증 없이는 아무것도 결정하지 못한다.

게다가 의존 대상과의 관계를 유지하기 위해 하기 싫은 일도 자진해서 떠맡고, 관계가 나빠질지도 모른다는 생각에 상대방의 의견에 반박하지 못하고, 의지하던 사람을 잃으면 또 다른 사람을 필사적으로 찾아 나선다. 스스로는 아무것도 하지 못한다는 생각에 혼자 남겨지면 불안과 무력감을 느끼고, 의지하던 사람이 사라져 모든 일을 자기 힘으로 해내야 하는 상황을 두려워한다.

249

성격장애

♥

두려움과 공감 능력이 없고 걸핏하면 공격적인 반응을 보이는 사람

사이코패스

관련 항목 > 반사회성 성격장애 | 245 >

반복적인 범죄 행위, 높은 공격성, 외면적인 매력, 피상적인 감정, 공감 능력 부족을 특징으로 하는 성격. 죄책감을 거의 느끼지 못하고 위협적인 자극에 대한 반응이 적으며 툭하면 위험한 행동에 손을 댄다. 또한 불쾌한 자극이 주어졌을 때 충동적인 공격으로 반응하는 경우가 많고, 이익을 얻기 위해서라면 도구를 이용한 공격도 서슴지 않는다. 상대방의 딱한 처지를 머리로는 이해할 수 있지만 정서적인 공감 능력은 없다시피 해서 자신의 공격성이나 범죄 행위에 제동을 걸지 못한다.

기본적 원인은 타고난 뇌 구조의 차이이며, 성장 과정에서 후천적으로 비슷한 경향을 가지게 된 사람은 '소시오패스'라고 한다. 또한 성격적인 특성은 사이코패스에 가깝지만 범죄 행위를 저지르지 않는 사람은 '화이트칼라 사이코패스'라고 한다.

치료 대상으로 분류되지 않으며 의료 기관에서 다루지 않는 영역이다.

뭐 어쩌라고?

250	예민한 사람
성격장애 ♥	**HSP**

'Highly Sensitive Person'의 준말로, 흔히 '예민한 사람'이라고 불린다. 외부 자극에 민감하게 반응하는 성향인 환경 감수성이 높은 사람을 가리킨다. 네 가지 특징이 있다.

① **한 가지 일을 깊이 생각하는 경향**: 여러 일을 동시 병렬적으로 빠르게 처리하기보다 하나하나를 깊이 생각하기를 좋아한다.

② **높은 자극 수용성**: 번쩍이는 빛, 강한 냄새, 커다란 소리 등에 민감해 강한 자극에 압도되기 쉬우며 강렬한 것보다 섬세한 것을 좋아한다.

③ **공감 능력이 높고 감정적으로 영향을 받기 쉬운 경향**: 주변 사람의 감정에 영향을 받기 쉬우며, 말싸움이 벌어질 것 같은 상황을 목격하고 동요하거나 미술작품이나 영화를 보고 감동하는 일이 많다.

④ **사소한 환경 자극을 금방 알아차리는 경향**: 변화에 민감해 생활 환경이 변하면 부담스러워한다.

HSP는 정신의학에서 쓰이는 진단명이 아니라 사람의 성격적인 경향을 표현하는 단어이며 6명 중 한 명꼴로 해당한다.

18

신경인지장애

건망증에 시달리는 고령자

알츠하이머형 신경인지장애

신경인지장애 대부분을 차지하는 유형으로, 신경인지장애 하면 가장 먼저 떠오르는 증상인 건망증이 나타난다는 특징이 있다.

이때 건망증은 기억하고 있던 사실을 잊어버린다기보다 새로운 사실을 기억하는 것을 힘들어하는 기억력 저하가 주를 이룬다. 따라서 최근에 벌어진 사건이나 조금 전에 들은 일은 기억하지 못해도 예전에 있었던 일은 정확히 떠올릴 수 있다.

알츠하이머형 신경인지장애는 아밀로이드 베타라고 하는 이상 단백질이 서서히 뇌에 쌓여 노인성 반점을 이루거나 뇌세포 속에 과인산화된 타우 단백질이 뭉친 신경원섬유매듭이 생기면서 발병 및 진행된다.

환자의 뇌를 촬영해보면 기억을 관장하는 부위인 해마의 위축이 두드러진다.

병의 진행을 늦추기 위해 콜린에스테라아제 억제제와 같은 신경인지장애 치료제가 쓰이기도 하지만 간병과 돌봄을 통한 지원이 중요하다.

환각을 동반하는 신경인지장애

루이소체 신경인지장애

관련 항목 > `우울증 | 1` `급속안구운동수면 행동장애 | 155`
`환각 | 172`

루이소체 신경인지장애로 인한 인지기능 저하에서는 건망증도 나타나지만, 가장 큰 특징은 주의가 산만해져 멍하니 있을 때가 많고 집중력에 기복이 생기는 것이다.

또한 동물이나 벌레나 사람의 모습이 생생히 보이는 **환각**, 손이 떨리거나 걸음이 느려지는 파킨슨 증후군, 변비나 현기증을 비롯한 자율신경계 문제, 수면 중 꿈을 꾸면서 행동하는 **급속안구운동수면 행동장애**가 발생하기도 한다.

원인은 알파 시누클레인이라고 하는 이상 단백질이 굳어진 루이소체가 뇌에 축적되면서 발생하는 신경세포의 변성이다. 발병 전 **우울증**에 걸리거나 후각이 떨어지기도 한다.

인지기능의 저하를 늦추는 콜린에스테라아제 억제제, 운동장애 증상을 완화하는 항파킨슨제가 처방된다. 병세는 서서히 진행되며 나중에는 간병이 필요해진다.

인지기능장애

환시

파킨슨 증후군

신경인지장애

혈관성 신경인지장애

뇌혈관 손상으로 인한 신경인지장애.

비교적 심각한 뇌출혈이나 뇌경색이 일어나 인지기능장애가 남고 병세가 계단 형태로 진행되는 것이 일반적이다. 다만 뇌혈관에 일어난 매우 조그만 문제가 자기도 모르는 사이 반복되어 서서히 인지기능이 낮아지고, MRI로 뇌 단면 영상을 촬영하자 혈관에서 자잘한 병변이 다수 발견되는 사례도 많다.

어떤 인지기능이 낮아지는지는 어디에 있는 혈관에 병변이 일어나느냐에 따라 다르고 일률적이지 않아서 일본에서는 '얼룩형 신경인지장애'라고도 불린다. 인지기능뿐만 아니라 운동기능이나 감각기능에 이상이 나타나기도 한다.

고혈압, 당뇨병, 고지질혈증, 부정맥, 흡연, 비만 등이 원인이다. 이미 발생한 신경인지장애는 완치할 수 없지만 원인에 맞는 치료를 받으면 진행을 늦출 수 있다.

건망증보다 행동이나 언어의 이상이 먼저 나타나는 신경인지장애

픽병(전두측두엽 신경인지장애)

뇌에 '픽소체'가 생기는 것이 원인인 픽병은 전두측두엽 신경인지장애의 절반 이상을 차지한다. 이상 행동을 보이는 유형과 언어장애가 생기는 유형이 있으며 아래와 같은 증상이 나타난다.

무기력과 무관심.

질문에 대해 진지하게 답하지 않는 사고 태만.

악의 없이 절도나 부적절한 발언을 하는 행동 탈억제.

진료실을 마음대로 나가는 이탈 행위.

공감 능력이 사라지는 인격 변화.

입맛이 바뀌고 같은 음식만 계속해서 먹는 식이 변화.

정해진 시간마다 같은 루트를 돌아다니는 배회.

정해진 시간마다 정해진 행동을 하는 시간표적 행동.

같은 말을 반복하거나(체속 언어) 같은 이야기를 거듭하는 등의 상동성.

전두측두엽 신경인지장애는 다른 신경인지장애와 달리 건망증이나 길을 잃는 현상은 거의 나타나지 않는다. 대부분 70대 이전에 발병하는데 이는 다른 신경인지장애에 비해 이른 편이다.

우울증 등으로 인한 신경인지장애

가성 신경인지장애

관련 항목 >  우울증 | 1　알츠하이머형 신경인지장애 | 251
루이소체 신경인지장애 | 252　혈관성 신경인지장애 | 253

알츠하이머형, **루이소체**, **혈관성**처럼 기질적인 병변이 주된 원인인 신경인지장애와 달리 뇌의 변성이나 혈관의 병변이 없는데도 인지기능 저하가 일어나는 것. '가짜 치매'라고도 불린다. 대표적인 것이 **우울증**으로 인한 신경인지장애다.

　우울증에 걸리면 사고력과 인지기능이 낮아지는데, 고령자일 경우에는 신경인지장애와 비슷한 상태를 보이기도 한다. 기질적인 신경인지장애는 완치가 힘들지만 우울증으로 인한 신경인지장애는 우울증 치료를 통해 호전될 수 있다.

　다만 기질적인 신경인지장애 역시 초기에는 우울증과 비슷한 상태가 나타나므로 구분하기 힘든 것이 사실이다. 따라서 신경인지장애를 앓는 고령자를 보았을 때 우울증으로 인한 가성 신경인지장애일지도 모른다는 가능성을 열어두고 생각하는 것이 중요하다.

기억력이 나빠졌어

건망증+요실금+보행장애를 수술로 치료할 수 있는 신경인지장애

정상압 물뇌증

뇌를 감싸며 흐르는 액체인 뇌척수액의 압력이 흐름이나 흡수 문제로 인해 정상 범위 내에서도 약간 높은 상태가 이어지면서 뇌척수액이 고이는 공간인 뇌실이 서서히 넓어지고 이에 따라 뇌에 이상이 생기는 것.

신경인지장애, 보행장애, 요실금이라는 세 가지 증상이 나타난다.

고령자에게서 주로 발생하며 일반적인 신경인지장애로 오인되기 쉽다.

머리를 MRI로 찍어보면 뇌실이 이전보다 넓어져 있으며, 뇌 주름 중에서 움푹 들어간 고랑이 뇌 윗부분에서는 조밀하고 아랫부분으로 내려갈수록 퍼지는 것으로 나타난다. 뇌척수액이 고이는 방식에 이상이 생기기 때문이다.

등에 바늘을 꽂아 뇌척수액을 뽑아냈을 때 증상이 일시적으로 가벼워졌을 경우, 뇌신경외과에서 뇌실에 관을 삽입해 뇌척수액을 복강 등으로 흘리는 션트 수술을 받으면 호전될 수 있다. 수술로 치료할 수 있는 신경인지장애다.

신경인지장애

보행장애

요실금

신경인지장애

★★☆

일시적인 기억장애를 일으키는 뇌전증

일과성 뇌전증성 기억상실

'Transient epileptic amnesia'의 머리글자를 따서 'TEA'라고 부른다.

보통 뇌전증이라고 하면 의식을 잃은 채 팔다리를 떠는 모습을 떠올리기 쉽지만, TEA에서는 의식은 유지되면서 일시적인 기억상실만 발생한다. 특정 시간이나 특정 시기의 기억만 도려낸 것처럼 사라지는 '역행성 기억상실'과 기억력이 나빠져 같은 질문을 몇 번씩 하는 '순행성 기억상실'이 나타난다.

이러한 일이 몇 시간 내지는 며칠간 이어진다.

주로 50대 이후에 나타나며, 남성의 비중이 높지만 여성도 걸릴 수 있다.

뇌파검사에서 이상파가 발견되면 TEA 진단을 내릴 수 있지만, 간혹 이상파가 나타나지 않는 TEA도 있어 혼선이 생긴다. 치료에는 항뇌전증제가 쓰인다.

고령자일 경우 신경인지장애로 오진될 수 있으므로 주의가 필요하다.

뇌에 대한 충격으로 인한 뇌 기능 이상

고차원뇌기능장애

관련 항목 > 환각 | 172 망상 | 173 감정둔마 | 181

대뇌피질에는 운동영역이나 감각영역과 같이 한 가지 기능을 수행하는 일차 영역과 다양한 정보를 통합해서 판단하고 기억하고 지시하는 것과 같은 고도 기능을 수행하는 연합 영역이 있다. 이러한 연합 영역에서 수행하는 기능을 '고차원뇌기능'이라고 한다.

이러한 고차원뇌기능에 뇌경색, 뇌출혈, 거미막하출혈, 외상성 뇌손상, 뇌종양, 감염증, 뇌염 등 여러 가지 원인으로 인해 문제가 생기는 것이 고차원뇌기능장애다.

증상은 실어, 실행(행동을 수행하지 못함), 실인(대상을 인식하지 못함)부터 기억력 및 주의력 상실과 의욕 저하, 감정장애(감정둔마), 환각과 망상, 판단력 저하, 문제 해결 능력 저하, 이상 행동에 이르기까지 충격을 입은 부위에 따라 다양하다.

기억도 없고 의욕도 없고
안절부절못하고
뭐가 뭔지 모르고…

화가 많고 고집이 세지는 특이한 신경인지장애

은친화 과립성 신경인지장애

관련 항목 ＞  알츠하이머형 신경인지장애 | 251 ＞

신경인지장애의 일종으로 건망증이 심해져 **알츠하이머형 신경인지장애**로 진단되는 일이 잦다. 다만 건망증이 진행되는 속도는 알츠하이머형 신경인지장애보다 느린 편이며, 화가 많고 고집이 세지는 것이 특징이다.

특수한 염색법으로 뇌의 조직을 살펴보면 '은친화 과립'이라는 물질을 발견할 수 있다. 이 은친화 과립만 발견하면 정확한 진단을 내릴 수 있지만 뇌 일부를 잘라내야 하는 검사이므로 살아 있는 동안에는 불가능하다. 따라서 현재로서는 두부 MRI 등에 의존하고 있다.

다른 신경인지장애와 달리 콜린에스테라아제 억제제가 듣지 않는다. 주변 사람의 도움이나 생활 환경 개선을 통해 대응하는 수밖에 없다.

시간, 장소, 사람에 대한 인식

지남력장애

관련 항목 > 섬망 | 137

지금이 언제인지, 자신이 어디에 있는지, 상대방이 누구인지 등 주로 시간, 장소, 인물 세 가지를 판단하는 능력인 '지남력'이 손상되거나 사라지는 것. '지남력 상실'이라고도 한다.

주된 원인은 신경인지장애와 **섬망**이다. 신경인지장애에서는 대체로 시간 →장소 →인물 순으로 이상이 나타난다.

시간에 대한 지남력장애에서는 오늘이 몇 월 며칠인지 날짜를 헷갈리는 일이 많다. 시간에 대한 감각까지 사라지면 출근을 위해 한밤중에 집을 나서기도 한다.

장소에 대한 지남력장애에서는 자신이 입소해 있는 보호시설에서 일을 하려고 들거나 집에서 화장실을 찾지 못하기도 한다.

인물에 대한 지남력장애에서는 곁에서 간병하는 가족이나 바로 눈앞에 있는 사람을 알아보지 못한다. 지남력장애가 생기면 자신이 어떤 상황에 놓여 있는지 파악하지 못하므로 혼란에 빠지기 쉽다.

기억상실을 감추기 위한 신경인지장애 증상

얼버무리는 반응

관련 항목 〉  알츠하이머형 신경인지장애 | 251

누가 오늘이 무슨 요일인지 물어봤을 때 조금 전까지는 기억하고 있었는데 갑자기 물어봐서 잊어버렸다느니 일을 그만두고 나서부터는 요일이 무의미해져서 기억하지 않는다느니 하고 변명하거나, 다른 사람에게서 질문을 받았을 때 갑자기 그런 질문을 받으면 난감하다느니 그런 주제는 좋아하지 않는다는 식으로 얼버무리면서 기억상실을 감추려고 하는 것.

신경인지장애 중에서도 **알츠하이머형**에서 자주 나타난다. 알츠하이머형 신경인지장애의 경우 기억 능력은 초기부터 손상되지만 사고 능력은 비교적 오래 유지되고 수치심도 남아 있다. 따라서 자신의 기억상실을 숨기고 싶다는 생각에 이러한 증상이 나타나는 것으로 보인다.

헤드 터닝 사인

관련 항목 > **알츠하이머형 신경인지장애 | 251**

신경인지장애가 있는 사람이 답하기 곤란한 질문을 받았을 때 다른 사람이 대신 답해주기를 바라거나 힌트를 얻기 위해 곁에 있는 사람을 돌아보는 현상. '고개 돌림 징후'라고도 한다.

특히 **알츠하이머형 신경인지장애**에서 많이 나타나는데, 기억 능력은 초기부터 손상되지만 사고 능력은 비교적 오래 유지되다 보니 질문에 대한 답이 떠오르지 않을 때 가족 등 가까운 사람을 활용하려고 하는 행동으로 해석된다. 그 사람을 믿고 기댈 만큼의 신뢰 관계가 형성되어 있다는 증거이기도 하다. 알츠하이머형 신경인지장애는 여성에게서 많이 나타나는데 헤드 터닝 사인은 특히 더 그렇다.

눈물이나 웃음 등 감정을 주체할 수 없는 것

감정실금

'감정 불안정성'이 강해 조그만 자극에도 기분이 쉽게 흔들리고 스스로 감정을 제어하지 못해서 자기도 모르는 사이 감정이 흘러넘치는 상태를 가리킨다. '정동실금'이라고도 한다. 일상적이면서 별것 아닌 일이 슬프게 느껴져서 울음을 터뜨리기도 하고, 다른 사람이 식사하러 가자고 말을 걸었을 뿐인데 고맙다며 눈물을 보이기도 하고, 조그만 오해로 화를 내며 소리 지르기도 하고, 썰렁한 농담에 박장대소하기도 한다.

'우는 것이 곧 감정실금'이라고 오해하는 의료인도 있지만 잘못된 생각이다. 물론 임상 현장에서 주로 마주하는 것은 울음을 주체하지 못하는 감정실금이기는 하다.

뇌의 기질적인 문제나 신경인지장애에서 다루어지는 용어다. 반대로 감정반응이 거의 일어나지 않는 상태는 '감정결여'라고 한다.

저녁이 되면 초조해지는 신경인지장애 증상

일몰 증후군

관련 항목 >  일주기리듬 수면-각성장애 | 148

신경인지장애의 증상 중 하나로, 해가 지고 저녁이 되면 불안하고 안절부절못하고 예민하고 초조해졌다가 새벽쯤 나아지는 상태를 가리킨다. 영어로는 'sundowning syndrome'이라고 하며 '석양 증후군'이라고도 불린다.

시설에서 잘 지내다가 집으로 돌아가야 한다고 말하기도 하고, 집에 있는데도 집으로 돌아가야 한다고 떼를 쓰기도 한다. 가정이든 의료 현장이든 당사자를 돌보는 사람에게 커다란 부담이 될 수 있다.

신경인지장애가 배경으로 작용하는 상황에, 어두워지면서 눈을 통해 들어오는 자극이 줄어드는 감각차단, 노화로 인해 수면 패턴이 불규칙해지는 수면장애, 뇌가 지금이 아침인지 낮인지 밤인지 파악하지 못하는 **일주기리듬 수면-각성장애**, 시설 입소처럼 갑작스러운 환경 변화에 대한 부적응 등 여러 가지 요인이 더해지면서 발생한다.

머릿속에 있는 말이 나오지 않는 실어

단어 찾기 곤란

언어 구사 능력에는 이상이 없는데도 사물의 이름을 대지 못하는 것. '어휘 인출 곤란'이라고도 한다.

예를 들어 물고기의 이름을 최대한 많이 대보라는 질문을 받으면 머릿속에 물고기의 이미지는 떠오르지만 "연어, 고등어, 잉어, 금붕어…" 하는 식으로 단어를 나열하지 못한다. 남들과 대화할 때도 하려는 말이 떠오르지 않아 난처해진다. 눈앞에 있는 물건의 이름을 말하는 시각적 명명에 이상이 생기기도 한다.

단어 찾기 곤란뿐만 아니라 하려는 말이 나오지 않아 의사소통에 어려움을 겪는 것이 실어증이며 주로 고령자에게서 나타난다.

의도와 다른 단어가 나오는 실어

착어

'사과'를 말하려던 생각이었는데 '딸기'라고 말하는 것처럼 원래 하려던 말 대신 다른 말이 나오는 것을 '어휘 착어'라고 한다.

또한 '사과'를 말하려다가 '사고'라고 말하거나(치환) '고사'라고 말하는(전치) 등 의도와 다르게 말하는 것은 '음운 착어' 내지는 '문자 착어'라고 한다.

어휘 착어와 음운 착어가 합쳐져서 의미를 짐작조차 할 수 없는 말이 나오기도 하는데 이는 '신조 착어'라고 한다.

착어뿐만 아니라 하려는 말이 나오지 않아 의사소통에 어려움을 겪는 것이 실어증이며 주로 고령자에게서 나타난다.

텔레비전 징후

관련 항목 >  거울 징후 | 268

텔레비전 속 사람이나 장면을 현실과 혼동하는 것. 신경인지장애가 진행되면서 나타난다.

텔레비전에 나오는 사람에게 말을 걸거나, 텔레비전 속 사람에게 폐가 된다며 가족들을 조용히 시키거나, 텔레비전에서 벌어지는 일이 모두 실제 사건이라고 생각한다. 건강한 사람이 텔레비전의 내용에 토를 다는 수준이 아니라 텔레비전 속과 현실을 구분하지 못한다.

비슷한 증상으로 거울 속 자신에게 말을 거는 '거울 징후'가 있다. 거울 징후는 자신과 크기가 같으면서 입체적인 형상을 사람이라고 여기는 것이라면, 텔레비전 징후는 작고 평면적인 형상을 사람이라고 여긴다는 점에서 더 심각하다고 볼 수 있을 것이다.

단순히 텔레비전에 푹 빠지는 수준이 아니라 텔레비전 속에서 일어나는 일을 현실과 혼동하는 것은 신경인지장애이기에 나타나는 증상이랍니다.

거울에 비친 자신에게 말을 거는 신경인지장애 증상

거울 징후

관련 항목 > 텔레비전 징후 | 267

거울에 비친 자기 모습을 제3자라고 인식하는 것. 거울 속 자신에게 말을 걸거나 물건을 건네거나 화를 낸다. 모습이 보이지 않으면 "그 사람은 어디 갔어?"라며 찾아다니기도 하고, 거울 앞에서 그 모습을 발견하고는 반갑게 인사하기도 한다.

  평소 당연하게 사용하는 거울이지만, 사실 거울에 비친 모습이 자기 자신이라고 이해할 수 있는 것은 '거울 자기 인식'이라는 고차원적인 인지기능 덕분이다. 신경인지장애가 진행되면 이러한 거울 자기 인식에 이상이 생겨 거울의 기능에 대한 이해도가 떨어지고 거울 속 모습이 자기 자신이라는 사실을 알아차리지 못해 거울 징후가 나타난다.

거울을 처음으로 접한 야생 동물의 반응을 보면 알 수 있듯이, 거울이라는 것을 이해하려면 고차원적인 인지기능이 필요해요.

집 안에 다른 사람이 있다고 생각하는 신경인지장애 증상

유령 동거인

★ ★ ☆

관련 항목 〉 환각 | 172 망상 | 173
루이소체 신경인지장애 | 252

집 안에 누군가가 같이 살고 있다고 확신하는 것. 집 안에 모르는 사람이 숨어들었다거나 천장에서 인기척이 느껴진다고 주장하며 "우리 집에 와 있는 그 남자는 언제 돌아간대?"라고 묻기도 한다.

기본적으로 잠깐 나타났다가 사라지는 증상이 아니며, 상상 속 존재에 대해 불만을 가지거나 민폐라고 생각하는 경우가 많다. 반면 그 사람 몫의 식사를 마련하는 등 동거인으로 받아들이는 사람도 있다.

실제로 없는 사람의 존재를 확신한다는 점에서 **망상**의 일종으로 여겨지지만, 자신의 곁을 스쳐 지나가는 그림자를 보는 것처럼 **환각**의 요소도 나타난다.

주요 원인으로는 **루이소체 신경인지장애**와 파킨슨병 등이 있다.

병적인 농담을 멈추지 못하는 모리아

해학증

웃고 떠들어서는 안 되는 상황에서도 유치하게 행동하고 부적절한 농담을 던진다.

상황에 맞지 않게 지나치게 명랑하고 경박한 상태를 가리키는 '모리아(moria)'도 거의 같은 의미다.

말장난, 저급한 농담, 인종·외모 차별적인 발언을 하고 중요한 회의나 장례식 같은 엄숙한 자리에서도 장난을 멈추지 못한다. 농담이 지나쳐 주위 사람들이 피곤해 하기도 한다.

다른 사람이 하는 농담을 즐기는 것이 아니라 어디까지나 자신이 재미있다고 생각한 농담을 주체할 새 없이 늘어놓는다.

신경변성질환이나 뇌혈관질환 등으로 인해 충동을 제어하는 이마엽의 기능이 손상되면서 나타나는 증상이다.

얼굴을 봐도 누구인지 모르는 것

얼굴인식불능증

가족이나 지인, 유명인 등 아는 사람의 얼굴을 봐도 그 사람이 누구인지 인식하지 못하는 상태.

그 사람을 모르는 것이 아니라 얼굴을 인식하지 못하는 것뿐이므로 독특한 헤어스타일, 의상, 목소리 같은 단서가 있으면 알아볼 수 있기는 하지만 사회생활에 어려움이 뒤따른다.

원인으로는 보는 각도에 따라 달라지는 입체적인 얼굴의 구조를 파악하는 지각 기능의 문제와 눈으로 본 얼굴을 기억 속에 있는 인물과 연결하는 연합 기능의 문제가 있다.

뇌 오른쪽 후두엽의 이상으로 인해 나타나기도 하는데, 간혹 선천적 증상인 '발달성 얼굴인식불능증'을 앓는 사람도 있다.

아는 장소를 알아보지 못하는 '장소 지남력장애'나 '장소인식불능증'이 함께 나타나는 경우가 많다.

쓰레기 집에 사는 노인

디오게네스 증후군

관련 항목 〉 조현병 | 170 ▶ 망상장애 | 211 ▶ 픽병 | 254 ▶

쓰레기 집에 사는 노인으로 대표되는 질환. '노년기 은둔 증후군'이라고도 불린다.

건강과 위생에 무관심하고 불결한 환경에서 생활하며 낡고 쓸모없는 물건까지 쌓아두는 통에 집 안이 잡동사니로 넘쳐난다. 타인과 교류를 끊고 혼자 틀어박혀서 지내며 자신의 현재 생활을 부끄러워하는 동시에 다른 사람의 평가에 무관심하다.

주된 원인으로는 조현병, 망상장애, 기분장애, 픽병 등이 있지만 다른 정신질환 없이 단독으로 나타나기도 한다.

병명의 유래는 세속적인 욕망을 거부하고 자연에 가까운 삶을 중시한 견유학파의 일원이자 사회를 벗어나 통 속에서 생활한 고대 그리스의 철학자 디오게네스다.

동네마다 하나씩 있는 쓰레기 집의 주인은 어쩌면 디오게네스 증후군을 앓고 있는지도 모른다.

신경 쓸 것 없잖아

273

신경인지장애

★☆☆

물건을 도둑맞았다며 화내는 신경인지장애 증상

도둑망상

관련 항목 > **알츠하이머형 신경인지장애 | 251**

주로 **알츠하이머형 신경인지장애** 환자가 집 안에 있던 물건을 도둑맞았다고 주장하는 것.

신경인지장애의 행동 및 심리 증상(BPSD) 중 하나로, 인지기능이 물건을 잃어버릴 정도로는 손상되었으면서 물건이 사라졌다는 사실을 알아차릴 정도는 남아 있는 신경인지장애 초기에 발생한다.

인지기능은 낮아져도 자존심은 그대로이기 때문에, 물건을 잃어버린 원인이 자기 자신이라는 사실을 받아들이지 못하고 도둑의 탓으로 돌리게 되는 것이다.

또한 난청이나 시력장애가 함께 나타나는 고령자나 혼자 사는 고령자는, 집 안에 낯선 사람이 들어와도 자신이 알아차리지 못할 것이라는 일상적인 불안감으로 인해 망상적인 세계에 빠지거나 도둑망상이 발생하기 쉽다.

빠르게 스쳐 지나가는 환각

통과 환시

관련 항목 › 실체 의식성 | 217 　 루이소체 신경인지장애 | 252
유령 동거인 | 269

사람, 동물, 사물, 그림자 등 무언가가 자신의 옆이나 시야 가장자리를 빠르게 스쳐 지나가는 느낌이 들어 자세히 보려고 하면 아무것도 없는 상태.

주된 원인은 **루이소체 신경인지장애**와 파킨슨병이며 고령자에게서 흔히 나타난다. 움직임에 대한 감각이 항진된 상태에서 일어나는 착각이다.

통과 환시, **실체 의식성**, 착시, 이 세 가지를 묶어 '가벼운 환각'이라고 한다.

병까지는 아니더라도 '어라? 뭔가 보였는데?' 하고 느끼는 정도는 다들 한 번쯤 경험한 적 있지 않을까.

무언가 스쳐 지나간 것 같은데 자세히 보면 아무것도 보이지 않는 체험이 반복되다 보면 '유령 동거인'으로 발전할 수 있어요.

275

신경인지장애

★ ★ ★

배우자가 바람을 피우고 있다고 확신하는 것

질투망상(오셀로 증후군)

관련 항목 〉 알코올사용장애 | 82 조현병 | 170 망상 | 173
망상장애 | 211 알츠하이머형 신경인지장애 | 251

배우자, 즉 남편이나 아내가 바람을 피우고 있다고 확신하는 **망상**. 굳이 따지자면 남성의 비중이 높으나 남녀 모두에게서 나타나며 중년기 이후에 발생하는 경우가 많다. 타인을 향한 폭력 행위나 자해 행위로 이어질 수 있으므로 주의가 필요하다.

망상장애, **조현병**, **알츠하이머형 신경인지장애**, **알코올사용장애** 등 여러 가지 질환이 배경으로 작용한다.

나는 아픈데 상대방은 건강한 것처럼 배우자와 건강 면에서 격차가 있으면 걸리기 쉽다고 한다. 병명의 유래는 셰익스피어의 4대 비극 중 하나이자 아내를 의심한 남자의 이야기인 『오셀로』다.

황혼기를 맞이한 부부 사이에서 종종 문제가 되는 일인데요, 노년기에 접어들어도 성적인 일로 고민한다는 점에서 인간의 삶과 사랑의 심연이 엿보이네요.

가족이 생김새만 같은 다른 사람이라고 생각하는 망상

카그라 증후군

관련 항목 〉 조현병 | 170   망상 | 173   망상장애 | 211
루이소체 신경인지장애 | 252   프레골리 증후군 | 277

'망상적 오인 증후군'이라고 불리는 **망상**의 일종으로, 가까운 사이인 사람이 생김새만 똑같은 다른 사람으로 바꿔치기당했다고 확신하는 것이다. '교체망상'이라고도 불린다. 병명의 유래는 프랑스의 정신과 전문의 조셉 카그라다.

루이소체 신경인지장애에서 흔히 나타나지만 **조현병**, **망상장애**, 뇌의 기질적인 문제 등으로 인해 발생하기도 한다.

친한 사람을 낯선 사람이라고 확신하는 카그라 증후군과 반대로 모르는 사람을 아는 사람이라고 확신하는 것은 **프레골리 증후군**이다.

자기 아내도
못 알아봐요?

?!

아내로 변장했지!
너 누구야?

특정 인물이 여러 사람으로 변장한다고 생각하는 망상

신경인지장애

프레골리 증후군

★★★

관련 항목 〉 조현병 | 170 망상 | 173 망상장애 | 211
루이소체 신경인지장애 | 252

망상적 오인 증후군이라고 불리는 **망상**의 일종으로, 특정한 사람이 다양한 모습으로 변장해 자기 앞에 나타난다고 확신하는 것.

옷을 빠르게 갈아입으며 혼자서 여러 역할을 소화한 이탈리아의 배우 레오폴드 프레골리의 이름에서 유래했다. '프레골리 망상'이라고도 불린다.

'조금 전에 본 양복 차림의 남자는 변장한 마이클이잖아. 그다음에 지나친 여자도 변장한 마이클이었던 것 같은데. 저기 서 있는 노인도 마이클 아냐? 지금 막 뛰어간 어린아이도…' 하고 생각하는 식이다. **루이소체 신경인지장애**에서 발생하기 쉬우며 **조현병**, **망상장애**, 뇌의 기질적인 문제도 원인이 될 수 있다.

프레골리 증후군은 종종 피해망상
으로 발전하기도 하는데요, 당사자
로서는 정말 무서운 경험일 거예요.

사회적으로 고립된 고령자에게서 나타나는 망상

접촉 결핍형 편집증

관련 항목 > 망상 | 173

고령자에게서 나타나는 **망상** 상태의 일종. 사별이나 이혼 등으로 인해 고립된 상황에서 노년기를 맞이할 때 발생한다. 남성보다 여성에게서 흔하다.

망상의 내용으로는 집에 낯선 사람이 들어왔다거나 누군가가 집에 독을 뿌렸다거나 집 안에 있는 물건을 도둑맞았다는 유형이 많으며, 이는 '집과 바깥 세계 사이의 경계가 침해될지도 모른다는 불안' 때문이라고 해석된다. 환청이 들리기도 하고 전파가 몸에 닿아서 찌릿찌릿하다는 체감각환각을 동반하기도 한다.

임상 현장에서는 약물 치료를 시행하거나 사회적으로 고립된 상황에서 벗어날 것을 권장하지만 완치는 힘들다.

기력이 떨어지다 보면 앞으로도 혼자 지내야 한다는 불안이 망상으로 발전하기도 해요.

19

성적 다양성

279

성적 다양성

젠더 불쾌감

타고난 신체적인 성별과 정신적인 성별(성정체성)이 일치하지 않는 상태. 남성의 몸을 갖고 태어났지만 스스로 여성이라고 생각하거나 그 반대를 가리킨다.

자기 몸에 위화감을 느끼며 성정체성에 맞는 몸을 갈망하고, 성정체성에 맞는 옷과 헤어스타일과 이름을 선호하며, 성정체성에 맞게 남들이 자신을 바라봐주기를 원한다. 거의 같은 의미인 단어로 '트랜스젠더'가 있다.

신체적인 성별과 정신적인 성별의 불일치로 인한 어려움을 의료적으로 다루기 위한 진단명이 '젠더 불쾌감'이며, 이때 의료 현장에서는 신체적인 성별에 성정체성을 끼워 맞추는 대신 심리 상담이나 호르몬 치료나 외과 수술을 시행한다.

한편 '트랜스젠더'는 신체적인 성별과 성정체성의 불일치는 성적 다양성의 일부일 뿐 비정상이 아니라고 보는 입장에서 사용하는 용어다. 성소수자를 가리키는 대표적인 용어인 'LGBT' 중 'T'에 해당한다.

성적 지향의 차이

동성애

관련 항목 > 젠더 불쾌감 | 279

성소수자를 이야기할 때 빼놓을 수 없는 표현인 'LGBT' 중 'LGB'는 성적 지향, 즉 어떤 성별에 성적으로 끌리는지에 관한 개념이다.

'L'은 여성이면서 같은 여성에게 성적으로 끌리는 레즈비언을, 'G'는 남성이면서 같은 남성에게 성적으로 끌리는 게이를, 'B'는 남성과 여성 모두에게 성적으로 끌리는 바이섹슈얼을 가리킨다.

여기서 말하는 성별은 신체적인 성별이 아니라 성정체성을 기준으로 한다. 예를 들어 여성의 신체를 타고났으나 성정체성은 남성(젠더 불쾌감)인 사람이 있다면, 그 사람이 여성에게 성적으로 끌리는 것은 동성애가 아니다.

과거 정신과 진단 기준에는 동성애가 정신질환으로 포함되어 있었지만, 지금은 정신질환이 아니라 성적 다양성의 일부로 보고 있다.

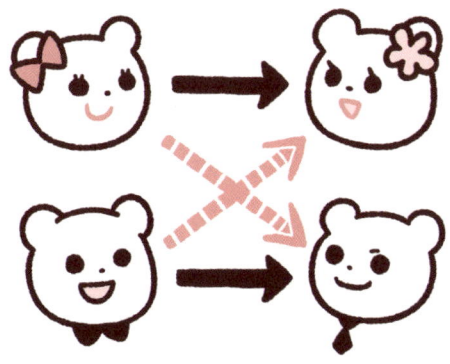

20

그 외

그 외

★☆☆

내인성, 심인성, 외인성

관련 항목 >  우울증 | 1 조울증 | 10 적응장애 | 25
이차성 정신병 | 134 섬망 | 137 조현병 | 170

정신질환을 원인에 따라 분류할 때 쓰이는 용어.

'내인성'은 뇌 촬영이나 혈액검사 시 이상은 없으나 뇌의 생물학적 요인으로 인해 발생했을 것으로 추정되는 정신질환으로 **조현병**, **조울증**, 고도 **우울증** 등이 있다.

'심인성'은 그 사람의 심리적 요인이나 주변 환경 문제가 배경으로 작용하는 동시에 스트레스, 갈등, 불안 등이 영향을 미쳐서 발생했을 것으로 추정되는 정신질환으로 **적응장애**, 경도 우울증 등이 있다.

'외인성'은 뇌 질환, 상해, 신체 질환, 외부 물질의 작용 등으로 발생하는 정신질환이다. 갑상샘 저하증 등 여러 가지 신체 질환으로 인해 정신 증상이 발생하는 **이차성 정신병**, **섬망**, 각성제로 인한 정신장애 등이 있다.

외인성이라면 신체적인 원인을 치료해야 하고, 심인성이라면 심리치료나 상담이 필요하며, 내인성이라면 약물 치료의 대상이 된다.

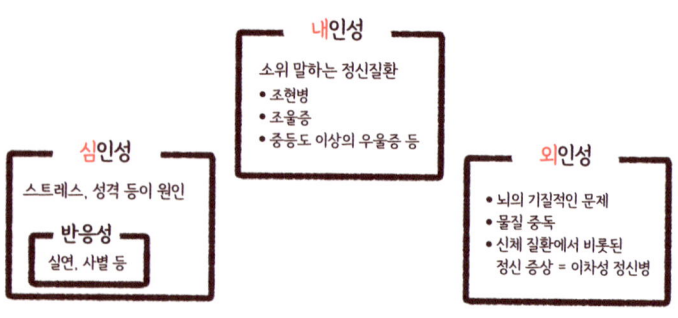

내인성
소위 말하는 정신질환
• 조현병
• 조울증
• 중등도 이상의 우울증 등

심인성
스트레스, 성격 등이 원인
반응성
실연, 사별 등

외인성
• 뇌의 기질적인 문제
• 물질 중독
• 신체 질환에서 비롯된 정신 증상 = 이차성 정신병

치료를 위한 관계에서 생기는 것

긍정적 전이와 부정적 전이

'전이'란 주로 정신건강의학과 치료나 상담을 위해 형성된 관계를 다루는 정신분석 이론에 기반을 두는 용어로, 환자(내담자)가 과거에 알고 지내던 중요한 사람에게 가졌던 욕구, 갈등, 감정, 태도 등이 지금 자신을 치료하는 의료인(상담자)에게 향하는 것이다.

존경, 친밀감, 애정, 우상화 등의 긍정적 전이와 불신, 경멸, 거부, 적대감 등의 부정적 전이가 있다.

의사를 비롯한 의료인(상담자)이 환자(내담자)에게 가지는 감정은 '역전이'라고 한다. 자신에게 나타나는 역전이를 통해 상대방에 대해 더 깊이 이해하는 사례도 있다고는 하나 중립성을 지키기 위해 노력해야 할 것이다.

부정적
전이

긍정적
전이

오이디푸스 콤플렉스

남성은 마음속 깊은 곳에 어머니에게 성적인 애정을, 아버지에게 증오를 품고 있어서 누구나 무의식적인 심리에는 근친상간으로 인한 갈등이 존재한다고 보는 정신분석 이론.

여기에는 어머니에 대한 성적인 애정으로 인해 아버지가 자신을 거세하고 집단에서 배제할지도 모른다고 두려워하는 '거세불안'이 뒤따른다.

병명의 유래는 아버지를 죽이고 어머니와 이어질 것이라는 예언을 피하려 했지만 오히려 자기 손으로 예언을 실현한 그리스 비극 속 인물인 오이디푸스 왕이다.

반면 여성이 어머니에게 증오를, 아버지에게 애정을 품는 것은 '엘렉트라 콤플렉스'라고 한다.

여기서 말하는 '콤플렉스'란 '복합체'를 의미하며 둘 이상의 심리적인 요소가 한 덩어리를 이루는 상태를 가리킨다.

무생물에서 느껴지는 영혼

애니미즘

발달심리학에서 주로 다루는 애니미즘은 어린아이가 무생물에도 영혼이 있다고 믿는 것을 가리킨다. 어린아이는 꽃이 웃고 있다거나 해가 자기를 보고 있다는 식으로 생각하기 마련인데, 성장하는 과정에서 움직이는 것만 살아 있다고 생각하는 단계를 거쳐 생물과 무생물을 적절히 구분할 수 있게 된다.

문화적인 측면에서 애니미즘은 어린아이의 전유물이 아니라 '자연물에 대해서도 영혼의 존재를 인정'하는 사고방식을 가리킨다.

역사적으로 서유럽 문화에서는 인간에게만 영혼이 존재한다고 생각한 데 반해, 아시아 문화에서는 사람이든 동물이든 똑같이 영혼이 존재하고 그 연장선에서 자연물에도 영혼이 깃들어 있다고 생각했다는 점에서 차이를 보인다.

이후 환경 문제와 동물 애호라는 주제가 대두되면서 유럽과 미국에도 애니미즘이 스며들었다고 보는 해석도 있다.

285

그외

★★☆

정신장애와 책임능력

심신상실과 심신미약

진단명은 아니고 사건이 발생했을 때 책임능력의 정도를 구분하기 위한 용어다.

형사·민사사건이 일어났을 때 정신장애의 영향이 있다고 여겨지면 판사, 검사, 변호사 등의 요청을 통해 정신건강의학과 전문의에 의한 정신감정이 이루어진다. 정신감정에서는 사물의 옳고 그름을 판단하는 사물변별능력과 해당 판단에 기반해 행동하는 행위통제능력을 감정한다.

그 결과 정신장애의 영향이 매우 커서 행위자의 책임을 아예 묻기 힘든 상태라면 '심신상실', 정신장애의 영향이 어느 정도 있어서 행위자의 책임을 일부만 물을 수 있는 상태라면 '심신미약'으로 일컫는다. 정신장애가 없거나 정신장애가 있어도 행위자의 책임을 물어야 할 경우 책임능력이 인정된다고 표현한다.

흉악범이 심신상실로 인해 무죄 판결을 받으면 대중은 '무죄'라는 단어에 동요하기 쉽지만, 실제로는 범행에 영향을 미친 정신장애를 충분히 치료할 수 있도록 치료감호법에 따라 입원을 명령받고 당사자는 자신이 저지른 범죄와 마주하며 재발 방지를 위해 노력하게 된다.

악마로부터
세상을 구해야 한다고
생각했을 뿐인데
내가 범죄자라니?!

어디서 본 것 같은 느낌

데자뷔

지금 보고 있는 것이 언제인지는 모르겠지만 예전에 본 적 있는 것처럼 느껴지는 현상. '기시감'이라고도 한다.

데자뷔가 발생하는 원인으로는 과거 체험과 현재 체험 간의 유사성으로 인한 착각, 이미 알고 있었으나 신경 쓰지 않았던 사실에 처음으로 주의를 기울였을 때 일어나는 현상, '안다' 혹은 '모른다'를 판단하는 체계에 오류가 생겨 처음 겪는 체험인데도 뇌가 '알고 있었던 사실'이라고 오판하는 현상 등 여러 가설이 있다.

데자뷔 자체는 병이 아니며 젊은 사람, 교육 수준이 높은 사람, 여행을 자주 다니는 사람에게서 주로 나타난다고 한다.

반대로 이미 보거나 들은 적이 있어 잘 아는 사실이 처음 보거나 들은 사실처럼 느껴지는 현상은 자메뷔(미시감)라고 한다.

데자뷔도 다들 한 번쯤 경험한 적 있지 않나요?

상반된 감정을 동시에 느끼는 양가성

양가감정

관련 항목 〉 **블로일러의 4A 증상 | 178**

한 가지 대상에 대해 애정과 증오, 존경과 경멸처럼 상반되는 감정이나 태도가 동시에 존재하는 것. '양가성'이라고도 한다. 그 존재는 갈등의 씨앗이 되기 마련이다.

정신분석학에서 무의식을 해석할 때 쓰이는 용어이면서 블로일러가 조현병에 관해 정의한 '**4A 증상**' 중 하나이기도 하다. 말하고 싶은데 말하지 못하고 그 자리에 굳어버리는 것도 양가감정의 일종으로 볼 수 있다.

가벼운 양가감정이라면 누구나 일상적으로 경험하고 있다.

'좋은데 싫어' 같은 감정에 사로잡힌 적, 누구나 한 번은 있을 거예요.

자신의 감정을 알아차리지 못하는 것

알렉시티미아

관련 항목 ▶ 우울증 | 1   자폐스펙트럼장애 | 102
정신신체장애 | 136   양성 증상과 음성 증상 | 171

슬픔, 불안, 분노 등 자신의 감정을 제대로 자각하지 못하고 감정이나 정서를 표현하는 것에 어려움을 겪는 상태. '감정표현불능증'이라고도 한다.

원인으로는 **자폐스펙트럼장애**, **우울증**, 불안장애, 조현병의 **음성 증상**, 뇌의 노화, 유전적 요인 등 여러 가지가 있다.

감정을 이해하지 못하므로 타인과의 의사소통에 어려움이 발생해 외로움과 불안에 시달리기도 한다.

정신적 문제에서 비롯된 신체적 문제, 즉 **정신신체장애**와 관련이 있는 것으로 여겨진다. 자신의 감정을 이해하지 못하다 보니 스트레스나 불쾌감 등에 적절하게 대처하는 것이 힘들고 신체적인 증상이 나타나거나 정신적인 문제가 신체적인 문제로 인식되기도 한다.

비생산적인 생각을 계속해서 떠올리는 것

반추사고

같은 일에 대해 끊임없이 반복적으로 생각하는 것.

즐거운 일을 돌이키는 것이라면 건전하고, 고통스러운 실패라 하더라도 원인을 돌아보고 앞으로 할 일에 활용한다면 건설적이다.

문제는 건전하지도 건설적이지도 않은 반추사고다.

스스로 생각을 제어할 수 없으며, 대부분의 시간을 과거에 있었던 괴로운 경험을 떠올리거나 고민 중인 주제에 관해 원인과 대처법을 궁리하면서 보낸다.

생각하지 않으려고 해도 금방 사로잡히는 '수동성'과 생각하지 않으려고 하거나 다른 생각을 하고 있어도 떠오르는 '침입성'이 뒤따른다.

내용으로는 강박사고, 트라우마에 대한 집착, 불안이나 우울한 감정에 관한 것이 많다.

290

그 외

★★★

약자가 강자에게 갖는 감정

르상티망

병은 아니고 인간에게 나타날 수 있는 심리 상태 중 하나다. 철학자 니체는 '약자가 자신이 당해낼 수 없는 강자에게 갖는 분노, 원한, 증오, 비난, 질투'라고 설명한다.

강자를 뛰어넘고 싶어도 이룰 수 없는 현실에서 나오는 무력감, 강자를 향한 동경·질투·증오를 가지는 한편 강자에 속하는 사람들을 부정하고 약자에 해당하는 자신을 정당화하려고 한다.

상황에 따라서는 그 사람이나 그 사람이 속한 집단에서 청빈·겸손·순종을 미덕으로 삼으며 약자를 긍정하는 가치관이 생긴다.

사람에 따라서는 타인에 대한 공격성으로 나타나며, 자신이 사회적 약자라고 생각하는 사람에 의한 무차별적인 폭력이나 살인과 같은 사건으로 발전하기도 한다.

의사와 환자의 이중 관계

전이적 사랑

치료나 상담을 위한 자리에서 환자(내담자)와 의료인(상담자)이 병을 고치거나 심리적인 문제를 해결하기 위해 쌓은 관계가 연애 관계로 빠지는 것.

의료인과 환자로 구성되는 치료 관계에 연인 관계 등 다른 관계가 동시 병렬적으로 나타나는 것을 '이중 관계'라고 한다.

전이적 사랑이나 이중 관계가 존재하면 공평성, 공정성, 중립성, 권위성, 객관성 등이 손상되며 의료인은 지도해야 하는 사실을 지도하지 못하게 되고 환자는 자신의 속마음을 털어놓지 못하게 되어 치료나 상담에 지장이 생긴다.

의료인과 환자의 연애를 금지하는 법률은 우리나라에 존재하지 않지만 여러 강령과 가이드라인에서 비윤리적인 행위로 규정하고 있다.

학교에 가지 않는 것

등교 거부

관련 항목 >  **발달장애 | 101**

학교를 가지 않거나 학교를 가지 못하는 상태로 장기 결석의 일종이다. 과거에는 '학교 거부증', '무단결석'이라고 불리기도 했다.

일본에서는 연간 30일 이상 결석하는 것을 등교 거부로 정의하고 있으며 이때 신체적인 질병이나 부상으로 인한 입원 및 통원, 재택요양, 경제적 문제로 인한 결석은 제외된다. 등교 거부 자체는 정신질환이 아니다.

부모의 곁이나 집에서 떨어지는 것이 불안거나, 다른 사람을 대하는 것이 두렵다거나, 등교하려고 하면 몸 상태가 나빠지거나, 밤낮이 바뀌는 등 생활 리듬에 문제가 있거나, **발달장애**로 인해 학교생활에 잘 적응하지 못하거나, 가정 내 문제로 인해 학교에 다닐 상황이 아니거나, 왕따를 당해 학교를 피하는 등 여러 가지 원인이 있다.

가능하다면 다시 등교할 수 있도록 노력하고, 사정이 여의치 않다면 학교에 얽매이는 대신 대안학교, 학원, 인터넷 강의 등 다른 기회를 통해 배움을 이어나가는 것이 좋다.

사회로 나가지 못하는 것

은둔형 외톨이(히키코모리)

사회적인 교류나 활동 대부분을 피하고 주로 집 안에서만 지내는 것. 일본 후생노동성에서는 6개월 이상 집에만 있는 상태를 은둔형 외톨이로 정의한다. 집에서 한 발짝도 나가지 않는 사람도 있고, 다른 사람과 교류만 없다면 물건을 사러 나가는 것 정도는 가능한 사람도 있다.

은둔형 외톨이 자체는 정신질환이 아니지만 기분 저하, 불안, 망상 등 어떠한 정신질환으로 인해 은둔형 외톨이가 될 수 있다. 또한 정신질환이 없던 사람도 집 안에서만 지내다 보면 현재 자신의 상황에 고민하고, 미래에 대한 불안에 휩싸이고, 생활 리듬이 흐트러지면서 정신적으로 병들기 쉽다.

타인과 소통하는 과정에서 발생하는 문제, 집단생활의 어려움, 왕따 등 다양한 일이 방아쇠가 될 수 있다.

해로운 부모 밑에서 자란 사람이 살면서 겪는 어려움

어덜트 칠드런

관련 항목 > **알코올사용장애 | 82**

부모와 자식 관계에서 비롯된 삶의 어려움을 자각하는 사람.

원래는 **알코올사용장애**가 있는 부모 밑에서 혼란스러운 가정을 뒷받침하느라 착한 아이로 자랄 수밖에 없었던 사람이 살면서 겪는 어려움을 표현하는 단어였다. 하지만 지금은 대상의 범위가 넓어져 부모로서 제대로 기능하지 못하는 이들 밑에서 자라 뿌리 깊은 고뇌를 안고 있는 사람을 가리킨다.

이 개념이 널리 퍼질 수 있었던 것은 지금 겪고 있는 괴로움의 원인을 자기 자신이 아니라 가정 환경에서 찾도록 하는 면책성의 매력 덕분이다.

자신의 문제를 자격 미달인 부모에게서 찾으려는 자세에서 벗어나 '그때는 부모님도 나도 어쩔 수 없었지' 하고 생각할 때 비로소 한 걸음 나아갈 수 있을 것이다. 의사의 진단과 관계없이 스스로 그러한 사람이라고 받아들이고 정체성을 부여하는 단어다.

고통스러웠던 과거를 밑거름 삼아 앞으로는 꽃길만 걷기를 바랄게요.

부모를 돌보는 청년

가족돌봄청년

관련 항목 〉 **알코올사용장애 | 82** 〉

정신질환이나 신체적 문제, 약물 또는 **알코올사용장애** 등으로 인해 다른 사람의 돌봄이 필요한 부모 밑에서 자라 부모 대신 집안일을 하고, 부모를 보살피고, 부모의 마음을 어루만지는 역할을 맡아야 했던 아이, 혹은 그러한 어린 시절을 보낸 사람을 가리킨다. '영케어러'라고도 한다.

　어릴 때부터 고난에 대한 내성이 생겨 일찍 철이 들고 매사 노력하는 사람으로 자랄 수도 있지만, 친구들과 노는 시간은 물론이고 공부할 시간도 부족하다. 부모에게 어리광을 부리거나 정서적으로 의지하는 경험이 부족해 정신건강에 악영향이 생기고 성인이 되고 나서도 자기 비하나 열등감에 사로잡히는 등 여러 가지 문제에 시달리기 마련이다. 어릴 때부터 줄곧 어려운 상황에 놓여 있던 탓에 자신이 얼마나 힘들고 괴로운지 금방 알아차리지 못하기도 한다. 남을 챙기는 위치에 설 때가 많고, 다른 사람에게 의지하는 것을 어색하게 느낀다.

부모를 돌봐야 하는 아이가 있지는 않은지 주변에서 관심을 기울이고 도움의 손길을 내밀어야 하지 않을까요?

이상을 좇아 삶을 헤매는 사람

파랑새 증후군

현실에 만족하지 못하고 이상만 추구하는 상태. 틸틸과 미틸이 행복을 가져다주는 파랑새를 찾아다닌 끝에 자기 집에서 발견하는 이야기 『파랑새』에서 유래했다.

전형적인 사례로는, 좋은 학교를 졸업해 좋은 직장에 들어갔는데도 능력을 정당하게 평가받지 못했다느니 재능을 살릴 기회가 부족하다느니 하는 불만을 품고 자신에게 더 잘 맞는 곳을 찾아 이직을 되풀이하다가 경력이 꼬이는 것을 들 수 있다.

파랑새 증후군인 사람은 자기 자신을 성숙하고 객관적인 시각으로 바라보지 못하며, 자신은 무엇이든 할 수 있다는 유아적인 만능감을 지니고 있다. 또한 오만하면서 겸손을 모르고, 인간관계를 원활하게 유지하는 협조성이 부족하고, 성장에 필요한 훈련을 해내는 인내심이 약하고, 상식과 센스가 부족하며, 둔감한 탓에 상황에 맞게 행동할 줄 모른다.

여기도 아냐

저기도 아냐

현실에 적응하지 못하는 남성

피터 팬 증후군

성숙을 거부하며 어른들의 사회에 편입되려고 하지 않는 남성을 가리킨다. 영원히 어른이 되지 않는 소년을 그린 이야기 『피터 팬』에서 유래한 이름이지만, 증상 자체는 네버랜드에서 산다는 꿈같은 이야기와 거리가 멀다.

피터 팬 증후군인 남성은 현실에 대해 책임감을 가지지 못하고, 일이 제대로 풀리지 않을 때마다 남 탓을 하며, 특정 집단에 소속되지 않으려 하고 동료를 만들지 못해 혼자 외롭게 지낸다. 마음을 기댈 곳이 없어 어딘지 모르게 늘 불안하며, 남성으로서 여성에게 받아들여지는 경험이 부족해 성역할 갈등에 시달린다.

이처럼 하는 일마다 뜻대로 되지 않는 자기 자신을 받아들이지 못해 이상 속 자기상에 집착하는 자기애에 빠지고, 비교적 우위에 있다고 여겨지는 남성이라는 위치를 내세우며 남존여비 사상에 경도되기 쉽다.

자신을 지켜줄 왕자만 기다리는 여성

신데렐라 콤플렉스

심리적으로 자립해야 하는 시기인 청년기를 맞이한 여성이 백마 탄 왕자님에게 자신의 삶을 내맡기고 보호받고 싶다는 의존 욕구에 사로잡혀 자립과 의존 사이에서 흔들리는 상태를 가리킨다. 불우하게 살던 여자가 왕자의 눈에 띄어 행복한 삶을 얻는다는 동화 『신데렐라』에서 오늘날을 살아가는 여성의 모습을 발견한 작가 콜레트 다울링이 1981년 제창한 개념이다.

신데렐라 콤플렉스에 해당하는 여성은 스스로에 대해 자신감이 없고, 자신의 힘으로 성공하려는 대신 남성의 그늘에 들어가기를 자처하고, 책임지는 일을 피하려고 한다. 이는 여성의 자립을 방해하는 심리 상태이기도 하다.

신데렐라 콤플렉스 같은 로맨틱 판타지만 꿈꾸며 결혼하다가는 이후 실망, 낙담, 분노 등 위태로운 심리 상태에 빠질 수 있으므로 조심해야 한다.

날 지켜줄 왕자님은
어디 있는 걸까?

혼자 힘으로는
일어설 수 없어

자신이 운 좋게 성공했다고 생각하는 사람

임포스터 증후군

자신이 가진 능력을 적절하게 평가하지 못하고, 자신감이 부족하고, 자신이 거둔 성공을 믿지 못하는 사람.

지금 자신이 잘나가는 것은 어디까지나 운이 좋아서이고 실제로는 별 능력이 없다는 사실이 언젠가 주변 사람들에게 들킬 것이라고 확신한다.

또한 다른 사람이 칭찬해도 곧이곧대로 받아들이지 못하고, 자신이 과대평가되고 있다는 생각에 남들에게서 평가받는 것을 불안해한다.

'임포스터'는 사기꾼을 뜻한다. 임포스터 증후군에서는 남부럽지 않게 지내는 자기 자신으로 사는 일이 사기처럼 느껴지고, 매일 하는 업무 등에 스트레스를 받으며, 새로운 일에 도전하는 것을 두려워한다.

일반적으로 정신의학에서는 쓰이지 않는 용어지만, 어떠한 사람의 성격이나 고민을 이해하는 데 유용한 단어라고 할 수 있다.

나는 사실
이런 사람이 아냐

진짜 모습이 들통나면
다들 나한테 실망할 거야

자살 시도자를 향한 의료인의 부적절한 발언

갓댐 증후군

'갓댐(goddamn)'은 우리말로 '빌어먹을'이라는 뜻이다. 부상이 심하지 않은 자살 미수자가 응급실에 실려 왔을 때 의료인이 "이 정도로 죽을 리 없잖아", "처음부터 죽을 마음 따위 없었으면서"같이 상대방을 모욕하는 것을 일본에서는 비공식적으로 '갓댐 증후군'이라고 표현한다.

이처럼 혹독하게 말하는 이유로는 목숨을 소홀히 여기는 행동에 대한 분노, 과중한 업무에 대한 불만, 자살 시도 과정에서 불쾌한 일을 겪게 하면 자살 행위를 막을 수도 있다는 생각 등이 있다. 하지만 부적절한 발언은 오히려 환자를 궁지로 몰아넣고 자살 위험성을 높일 가능성이 있다.

갓댐 증후군이라는 개념을 처음으로 제창한 미국의 임상심리학자 슈나이드먼은 갓댐 증후군이 전염병이라고 생각했다. 세균이나 바이러스가 원인이라는 뜻이 아니라, 의료인 중 하나라도 갓댐 증후군인 사람이 있으면 주변 사람까지 전염되므로 조심해야 한다는 의미다.

301	범인을 옹호하는 인질
그 외	**스톡홀름 증후군**
♥	

범죄에 휘말렸는데도 범인에게 긍정적인 인식을 가지는 현상. 스웨덴 스톡홀름의 한 은행에서 130시간에 걸친 인질극이 벌어졌는데 이때 인질이 범인에게 긍정적인 반응을 보인 것에서 유래했다. 이후 인질 중 한 명이 범인 일당 중 한 명과 결혼했다는 사실은 놀라울 따름이다.

생명과 자유가 범인의 손아귀에 있어 범인을 부정하면 위해를 입을지도 모르는 상황에서 무의식적인 생존본능이 작용해 범인에게 동조하는 것으로 보인다.

오랜 시간 같은 공간에서 지내면서 범인으로부터 위해를 입지 않고 정중한 대접을 받으면 생길 수 있다고 하나, 의도적으로 유발할 수 있는 증상은 아니며 발생 빈도도 매우 낮다.

또한 가정 폭력과 학대에 지속적으로 노출된 사람이 상대방에게 호의적인 감정을 가지는 방식으로 그 상황에 적응하는 것은 '가정 내 스톡홀름 증후군'이라고 한다.

아프지 않아? / 널 끌어들여서 미안해 / 이것도 다 세상을 구하기 위해서야

정신질환이 없는데 정신질환자 취급을 하는 것

가스라이팅

관련 항목 〉 조현병 | 170

실제로는 정신질환이 없는데 가족 등 주위 사람이 정신 증상을 날조 및 과장해 정신질환자 취급을 받는 상황. 유래는 남편의 계략으로 인해 정신질환자로 내몰리는 여자를 그린 1930년대 희곡 『가스등(Gaslight)』이다.

가정 내 다툼이 일어났을 때 정신질환의 가능성을 지나치게 걱정한 가족에게서 "비정상적인 흥분 상태였다"라는 말을 듣기도 하고, 사소한 실수에 대해 "평상시라면 할 리 없는 실수였다"라는 말을 듣고 스스로 신경인지장애를 의심하기도 한다.

가스라이팅은 부부간에도 일어나는데, 폭력적인 성향이 있는 남편에게서 지속적으로 "너는 이상한 사람"이라고 혼이 난 끝에 자신감을 잃고 '그 사람 말대로 내가 이상한 걸지도 모른다'라는 생각에 빠지는 사례도 있다.

병식이 없는 **조현병** 환자는 주변에서 정신건강의학과 진료를 권유받았을 때 가스라이팅을 언급하면서 반발할 수 있다는 점에서 우려된다.

좋아하던 사람이 갑자기 혐오스럽게 보이는 여성

개구리화 현상

줄곧 좋아하던 사람이 자신을 바라보기 시작한 순간 그 사람에 대한 혐오감이 생기는 현상.

성 경험이 없는 여성의 경우, 상대방도 자신을 좋아하게 되면서 성교로 이어질 가능성이 높아지는 것에 대한 저항감이 개구리화 현상을 일으킨다는 '성교 혐오설'로 설명할 수 있다. 이때 해당 여성은 상대방이 열성적으로 나오니까 오히려 마음이 식었다고 말하기 마련이다.

그렇지 않은 여성의 경우, 교제를 시작하면서 상대의 현실적인 모습까지 보게 되어 일방적으로 품고 있던 허상이 사라지는 것에 대한 저항감이 개구리화 현상을 일으킨다는 '허상 붕괴설'로 설명할 수 있다. 실제로 좋아하는 사람에 대한 기대가 클수록 '넘어지는 모습이 꼴사나웠다'는 식으로 별것 아닌 일에 환멸을 느끼기도 한다.

반대말로 좋아하는 사람은 어떤 모습이든 긍정적으로 보이는 '뱀화 현상'이 있다.

공감각

시각이나 청각 등 어떠한 감각이 자극되었을 때 다른 감각이 저절로 느껴지는 현상.

구체적으로 살펴보면 검은 글씨에서 다른 색깔이 보이는 '색-문자 공감각'이 가장 흔하다. 검은 글씨 근처에 색깔이 보이는 투사형이 있고, 머릿속에 색깔이 떠오르는 연상형이 있다. 어떤 문자를 보고 어떤 색을 떠올리는지 정해진 규칙은 없으며 개개인에 따라 다르다.

그 밖에도 들은 소리에서 색을 느끼는 '색-소리 공감각(색청)', 일렬로 쓰인 숫자가 특정한 도형을 그리는 것처럼 보이는 '숫자-형태 공감각'이 있다.

단어를 보거나 들었을 때 맛을 느끼거나, 숫자나 문자에서 각각의 성격을 느끼기도 한다.

매우 드물게 나타나는 증상이며 병은 아니다.

이 글을 쓰고 있는 지금, 나는 여러분이 들고 있는 책의 원고를 확인하고 있다. 탈고하기는 했으나 현재 시점에서는 단순한 문자, 단순한 정보, 단순한 종이일 뿐이다. 이 책이 어떤 가치를 가질지는 마지막 장을 덮을 여러분이 이 책을 어떻게 활용하느냐에 달려 있다. 스스로 이 책을 전체적으로 읽어보니, 각 글이 짧고 삽화가 곁들여져 있어 본격적인 내용이기는 해도 누구나 접근하기 쉬운 책이 나오지 않았나 싶다. 마음 편히 즐길 수 있는 정통 요리 같다고 생각했는데 여러분의 눈에는 어떻게 비쳤을는지.

이 책을 첫 장부터 죽 읽었다면 여러분은 304가지에 이르는 정신 증상을 접한 셈이다. 의료계 종사자가 아니더라도 우리 마음속에서 얼마나 다양한 문제가 일어나는지 실감할 수 있었을 것이다. 그리고 정신건강의학과 전문의를 비롯해 정신 보건을 위해 힘쓰고 있는 의료인 역시 지금까지 몰랐던 증상을 새롭게 접하거나 이미 알고 있었던 증상에 대해 더 깊이 이해하는 데 도움이 되었기를 바란다.

이 책은 2023년에 출간된(국내 번역본은 2024년에 출간되었다 – 옮긴이) 『교양으로서의 정신의학』과는 정신질환에 초점을 맞춰 정신의학을 설명한다는 점에서 형제자매

관계나 마찬가지라고 볼 수 있다. 다만 두 책에는 뚜렷한 차이점이 있다. 『교양으로서의 정신의학』은 정신의학의 전체상을 교과서처럼 체계적으로 해설한 책이자 나무로 비유하자면 뿌리에서 기둥으로, 기둥에서 가지와 잎으로 나아가는 책이었다. 한편 이 책은 다양한 정신 증상을 다루면서 정신의학에 대한 이해를 다지는 책이므로 우거진 잎에서 가지로, 가지에서 기둥으로 나아간다고 볼 수 있다. 서로 다른 방향에서 정신의학을 이해할 수 있는 책이 완성된 것이다.

　이 책을 읽고 무엇을 느꼈는지는 사람마다 다를 것이다. 단순히 흥미로웠다는 사람도 있을 것이고, 자기 모습을 본 사람도 있을 것이고, 공부가 되었다고 생각한 사람도 있을 것이다. 여러분이 조금이라도 더 마음 편히 지내는 데 도움이 되었기를, 혹은 여러분이 알고 지내는 사람들의 정신건강에 도움을 줄 수 있기를 바란다. 그리고 이 책을 통해 여러분이 새로운 무언가를 발견할 수 있었다면 저자로서 더 기쁜 일은 없을 것이다. 처음에도 말했듯이 이 책의 가치는 독자 여러분에게 달려 있다. 여러분이 이 책을 어떻게 활용할지 상상하며 글을 마무리한다.

2024년 9월
마쓰자키 아사키